신개념

기초실무
관광일본어

정창호 저

語文
學社

[머리말]

   21세기는 국제화, 세계화를 맞이하여 관광산업이 굴뚝 없는 고부가 가치산업으로 매우 각광을 받고 있다. 우리나라와 일본은 고대로부터 현재까지 지리적으로 가까운 나라로 많은 교류를 해왔다. 특히 현대는 급속한 교통수단의 발달로 인해서 양국을 관광하는 사람들이 매우 많아졌다. 이러한 관광을 하는데 가장 필수적인 것이 역시 언어라고 생각한다. 그런데 흔히들 일본어는 우리말과 어순이 같고, 같은 한자권에 속해 있다고 해서 쉬운 언어라는 인식을 갖기도 하고, 또는 영어로도 충분히 의사가 소통된다고 생각해서 일본어를 중요하게 생각하지 않는 경향도 있었다. 그러나 같은 한자권의 언어라도 우리말과는 매우 다른 언어라 일본어를 습득하는 것은 그리 쉽지는 않다고 생각된다. 특히 관광분야에서 사용되는 문장 및 용어는 쉽지 않다.

   저자는 일본에 자주 다니면서 우리나라 사람들이 일본의 공항에서 출입국 수속을 할 때, 출입국 직원의 질문에 제대로 대답을 하지 못해 매우 당황하는 모습을 종종 볼 수 있었다. 그럴 때마다 매우 안타까운 생각이 들곤 했다. 그래서 저자는 일본을 여행하는 사람들과 국내 관광관련업체에서 근무하는 관광종사원들이 이러한 어려움을 쉽게 극복할 수 있도록 일본어의 기초지식과 관광실무분야에서 사용되고 있는 기본적인 문장과 관련용어 등을 동시에 쉽게 학습할 수 있는 교재를 집필하게 되었다.

   바로 그것이 신개념 기초 실무관광일본어이다. 본 서는 기초 일본어를 습득하면서 관광지나 관광관련업체에서 대화가 될 수 있는 여러 장면과 표현들을 체계적으로 기술해서 관광부문의 전문요원이 될 수 있는 초석을 다질 수 있도록 내용을 충실히 하였다. 본 서는 관광관련업체에서 근무하는 분들에게는 꼭 필요한 책이라고 생각된다.

   마지막으로 이 한 권의 책이 관광분야에서 근무하는 분들의 일본어학습의 좋은 동반자로서, 많은 도움이 될 수 있기를 바라면서 이 책을 저술하는데 많은 도움을 주신 분들에게 깊은 감사를 드린다.

著者　정 창 호

[차례]

부 록

입문편

- 일본어의 문자
- 일본어의 발음

일본어의 문자

일본어 글자를 가나(仮名)라고 하는데, 현대 일본어는 가나(仮名)와 한자를 함께 사용하고 있다. 가나(仮名)에는 히라가나(平仮名)와 가타카나(片仮名)가 있다.

1 히라가나(平仮名)와 가타카나(片仮名)

1. 히라가나(平仮名, ひらがな)
히라가나는 한자의 초서체를 본떠서 만든 글자로 현대일본어에서 주로 사용한다.

くるま(車)	いす(椅子)	たかい(高い)	いくら
(kuruma)	(isu)	(takai)	(ikura)
자동차	의자	비싸다	얼마

2. 가타카나(片仮名, カタカナ)
가타카나는 한자의 일부분을 따서 만든 글자로, 현대일본어에서는 외래어, 전보문 등을 표기하는데 사용한다.

テレビ(텔레비전)　　　ビデオ(비디오)

2 한자(漢字)

일본어는 한자를 많이 사용하여 상용한자 1,945자를 지정해서 사용하고 있다. 한자의 읽는 방법은 소리(音)로 읽는 음독(音読)과 뜻(意味)으로 읽는 훈독(訓読)이 있다. 그리고 일본어의 한자는 약자(略字)를 사용한다.

藝(예) → 芸(예)　　　　學(학) → 学(학)

圖(도) → 図(도)　　　　讀(독) → 読(독)

會(회) → 会(회)　　　　來(래) → 来(래)

聲(성) → 声(성)　　　　盡(진) → 尽(진)

1. 음독(音読)

음독은 한자를 중국식 발음에 가깝게 읽는 것으로 주로 단어를 읽을 때 사용한다.

東西	南北	前後
(dōzai)	(namboku)	(zengo)
동서	남북	전후

2. 훈독(訓読)

훈독은 한자가 갖고 있는 뜻(의미)으로 읽는 것으로 한자를 한 글자씩 읽을 때 사용한다.

西	南	前	後
(nishi)	(minami)	(mae)	(ushiro)
서쪽	남쪽	앞	뒤

3. 50음도(五十音図)

가나(仮名)를 발음체계에 따라서 순서대로 5자씩 가로로 10行과 세로로 5段으로 배열한 도표를 「五十音図」라 한다.

五十音図(ごじゅうおんず)

段＼行	あ行	か行	さ行	た行	な行	は行	ま行	や行	ら行	わ行	ん
あ段	あ a	か ka	さ sa	た ta	な na	は ha	ま ma	や ya	ら ra	わ wa	m
い段	い i	き ki	し shi	ち chi	に ni	ひ hi	み mi	(い) i	り ri	(い) i	n
う段	う u	く ku	す su	つ tsu	ぬ nu	ふ hu	む mu	ゆ yu	る ru	(う) u	ŋ
え段	え e	け ke	せ se	て te	ね ne	へ he	め me	(え) e	れ re	(え) e	N
お段	お o	こ ko	そ so	と to	の no	ほ ho	も mo	よ yo	ろ ro	を (o)	

Memo

일본어의 발음

1 청음(清音)

청음은 탁음(ﾞ)이나 반탁음(ﾟ)의 부호가 붙지 않은 맑은 소리로 발음되는 가나(仮名)이다. 청음은 ① 자음(子音) ② 모음(母音) ③ 반모음(半母音)으로 구분된다.

일본어의 모음은 あ行 「あ(a), い(i), う(u), え(e), お(o)」이고, 반모음은 「や(ya), ゆ(yu), よ(yo)」이고, 나머지는 자음이다.

히라가나(ひらがな)

1. あ行(모음)

あ(a)	い(i)	う(u)	え(e)	お(o)
あ	い	う	え	お
あめ(雨) a me 비	いえ(家) i e 집	うし(牛) u shi 소	うえ(上) u e 위	おと(音) o to 소리

2. か行

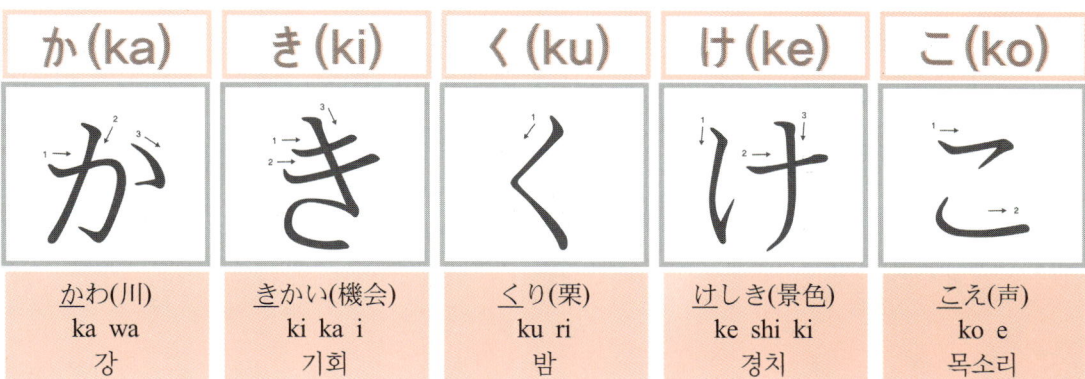

か(ka)	き(ki)	く(ku)	け(ke)	こ(ko)
か	き	く	け	こ
かわ(川) ka wa 강	きかい(機会) ki ka i 기회	くり(栗) ku ri 밤	けしき(景色) ke shi ki 경치	こえ(声) ko e 목소리

3. さ行

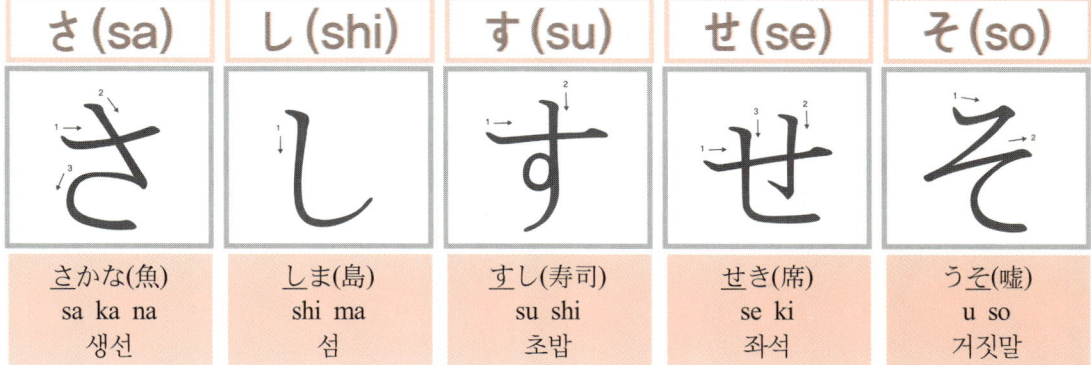

さ(sa)	し(shi)	す(su)	せ(se)	そ(so)
さ	し	す	せ	そ
さかな(魚) sa ka na 생선	しま(島) shi ma 섬	すし(寿司) su shi 초밥	せき(席) se ki 좌석	うそ(嘘) u so 거짓말

4. た行

た(ta)	ち(chi)	つ(tsu)	て(te)	と(to)
た	ち	つ	て	と
たかい(高い) ta ka i 높다, 비싸다	いち(一) i chi 일	いつ i tsu 언제	てつ(鉄) te tsu 철	とし(年) to shi 나이

5. な行

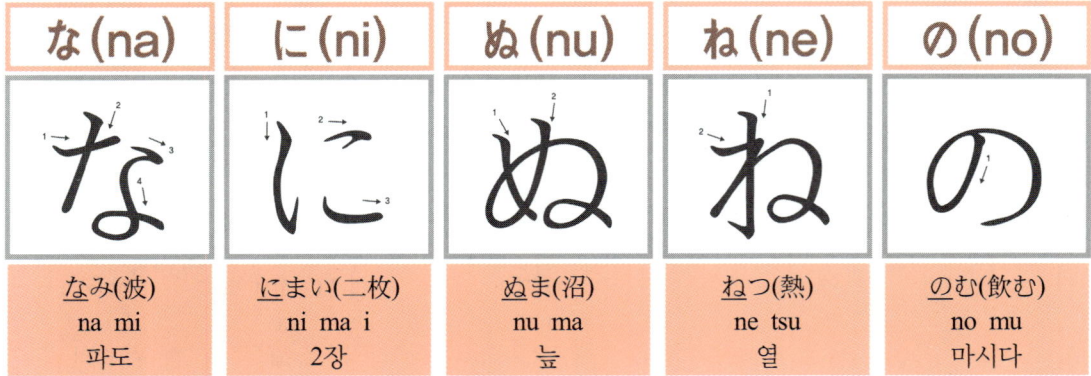

な (na)	に (ni)	ぬ (nu)	ね (ne)	の (no)
なみ(波)	にまい(二枚)	ぬま(沼)	ねつ(熱)	のむ(飲む)
na mi	ni ma i	nu ma	ne tsu	no mu
파도	2장	늪	열	마시다

6. は行

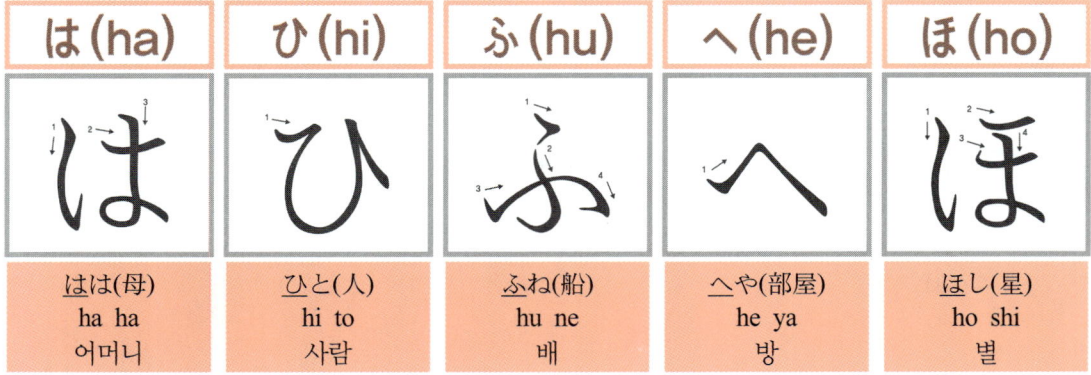

は (ha)	ひ (hi)	ふ (hu)	へ (he)	ほ (ho)
はは(母)	ひと(人)	ふね(船)	へや(部屋)	ほし(星)
ha ha	hi to	hu ne	he ya	ho shi
어머니	사람	배	방	별

7. ま行

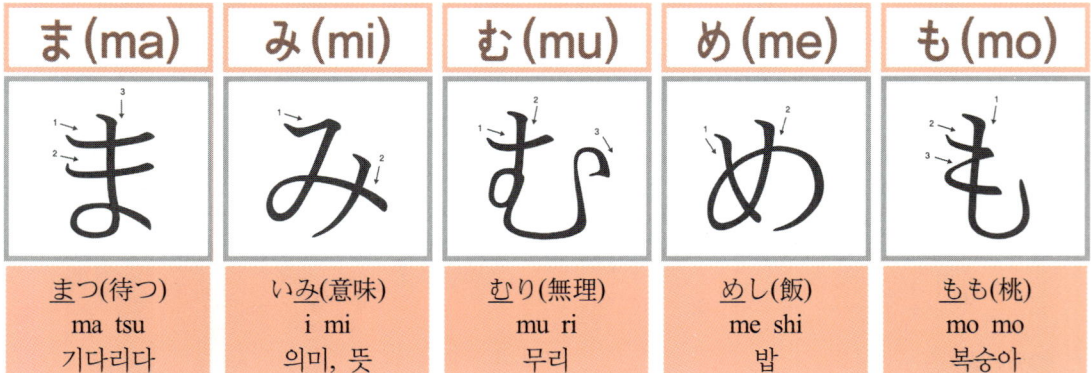

ま (ma)	み (mi)	む (mu)	め (me)	も (mo)
まつ(待つ)	いみ(意味)	むり(無理)	めし(飯)	もも(桃)
ma tsu	i mi	mu ri	me shi	mo mo
기다리다	의미, 뜻	무리	밥	복숭아

8. や行(반모음)

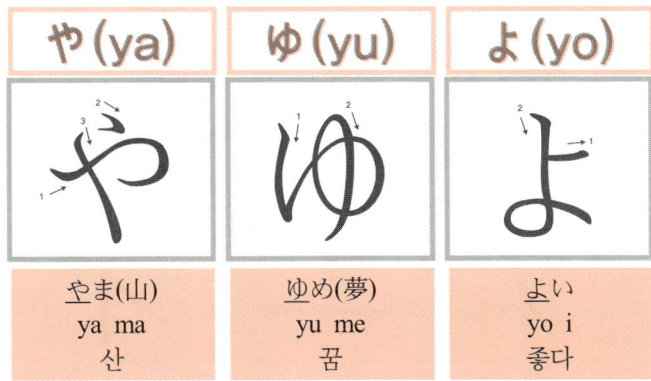

や (ya)	ゆ (yu)	よ (yo)
やま(山) ya ma 산	ゆめ(夢) yu me 꿈	よい yo i 좋다

9. ら行

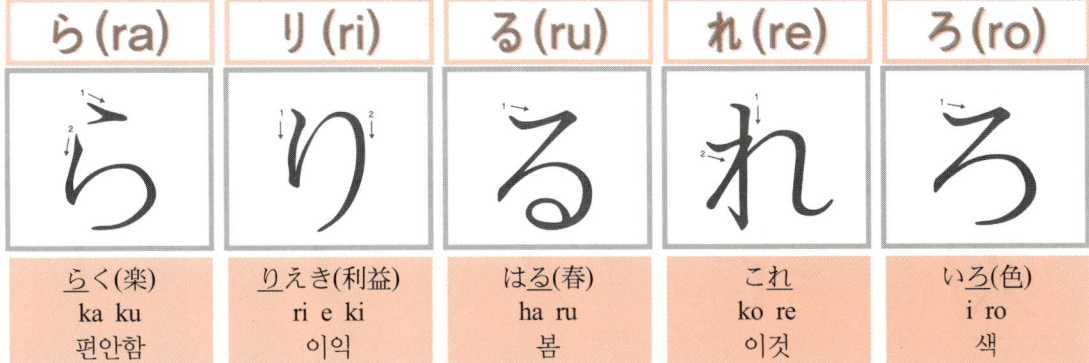

ら (ra)	り (ri)	る (ru)	れ (re)	ろ (ro)
らく(楽) ka ku 편안함	りえき(利益) ri e ki 이익	はる(春) ha ru 봄	これ ko re 이것	いろ(色) i ro 색

10. わ行

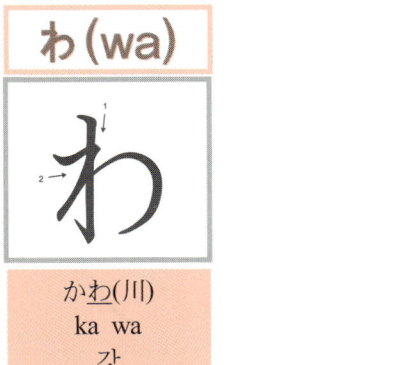

わ (wa)
かわ(川) ka wa 강

11. を行

を (o)
「を」는 항상 조사 로만 사용되고「을, 를」로 해석한다. 会議をする (회의를 하다)

가타카나(カタカナ)

1. ア行

ア(a)	イ(i)	ウ(u)	エ(e)	オ(o)
ア	イ	ウ	エ	オ
アメ(雨) a me 비	イエ(家) i e 집	ウシ(牛) u shi 소	ウエ(上) u e 위	オト(音) o to 소리

2. か行

カ(ka)	キ(ki)	ク(ku)	ケ(ke)	コ(ko)
カ	キ	ク	ケ	コ
カワ(川) ka wa 강	キカイ(機会) ki ka i 기회	クリ(栗) ku ri 밤	ケシキ(景色) ke shi ki 경치	コエ(声) ko e 목소리

3. サ行

サ(sa)	シ(shi)	ス(su)	せ(se)	そ(so)
サ	シ	ス	セ	ソ
サカナ(魚) sa ka na 생선	シマ(島) shi ma 섬	スシ(寿司) su shi 초밥	セキ(席) se ki 좌석	ウソ(嘘) u so 거짓말

4. タ行

タ (ta)	チ (chi)	ツ (tsu)	テ (te)	ト (to)
タ	チ	ツ	テ	ト
タカイ(高い) ta ka i 높다, 비싸다	イチ(一) i chi 일	イツ i tsu 언제	テツ(鉄) te tsu 철	トシ(年) to shi 나이

5. ナ行

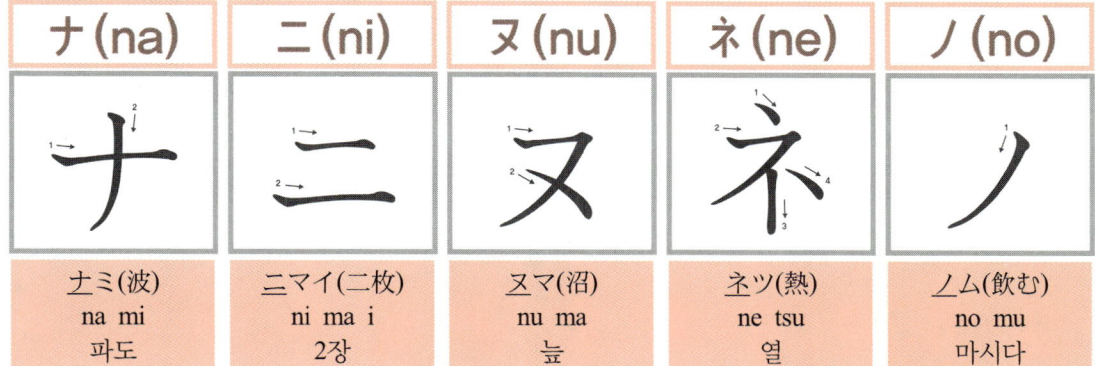

ナ (na)	ニ (ni)	ヌ (nu)	ネ (ne)	ノ (no)
ナ	ニ	ヌ	ネ	ノ
ナミ(波) na mi 파도	ニマイ(二枚) ni ma i 2장	ヌマ(沼) nu ma 늪	ネツ(熱) ne tsu 열	ノム(飲む) no mu 마시다

6. ハ行

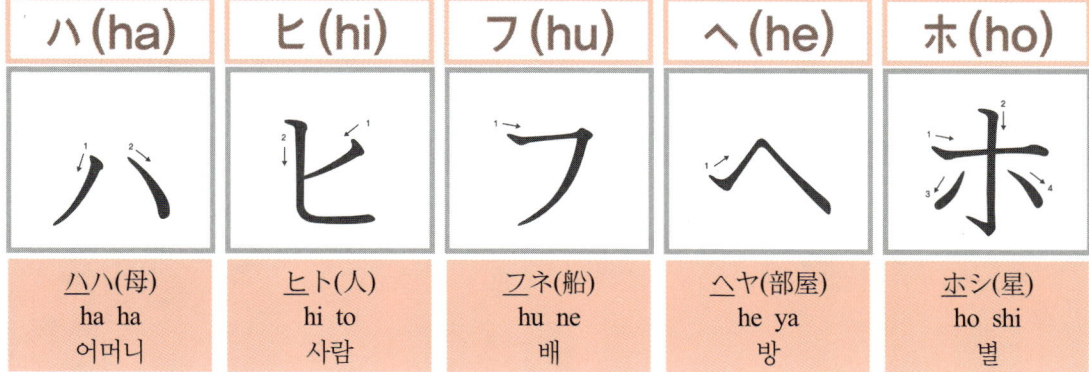

ハ (ha)	ヒ (hi)	フ (hu)	ヘ (he)	ホ (ho)
ハ	ヒ	フ	ヘ	ホ
ハハ(母) ha ha 어머니	ヒト(人) hi to 사람	フネ(船) hu ne 배	ヘヤ(部屋) he ya 방	ホシ(星) ho shi 별

7. マ行

マ(ma)	ミ(mi)	ム(mu)	メ(me)	モ(mo)
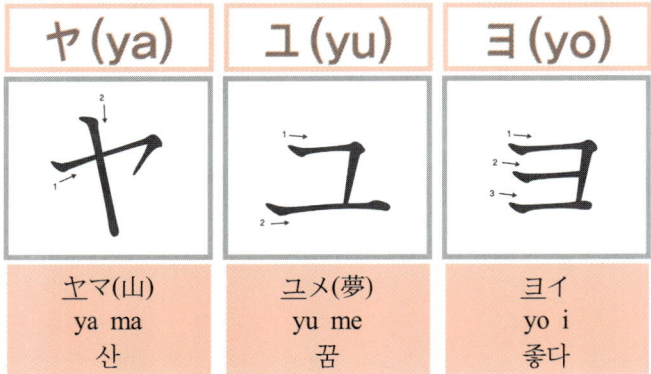				
マツ(待つ)	イミ(意味)	ムリ(無理)	メシ(飯)	モモ(桃)
ma tsu	i mi	mu ri	me shi	mo mo
기다리다	의미, 뜻	무리	밥	복숭아

8. ヤ行

ヤ(ya)	ユ(yu)	ヨ(yo)
ヤマ(山)	ユメ(夢)	ヨイ
ya ma	yu me	yo i
산	꿈	좋다

9. ラ行

ラ(ra)	リ(ri)	ル(ru)	レ(re)	ロ(ro)
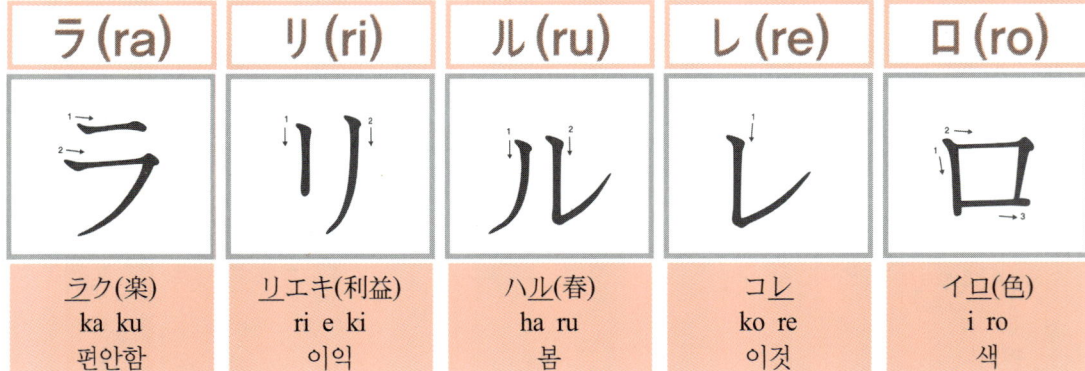				
ラク(楽)	リエキ(利益)	ハル(春)	コレ	イロ(色)
ka ku	ri e ki	ha ru	ko re	i ro
편안함	이익	봄	이것	색

10. ワ行

ワ (wa)

カワ(川)
ka wa
강

11. ヲ

ヲ (o)

2 탁음(濁音)

탁음은「か(ka), さ(sa), た(ta), は(ha)」行의 오른쪽에 탁점(゛)을 표시한 흐린소리「が(ga) ざ (za) だ(da) ば(ba)」를 말한다.

1. が(ga)行

が (ga)	ぎ (gi)	ぐ (gu)	げ (ge)	ご (go)
がいこく(外国)	ぎむ(義務)	かぐ(家具)	げき(劇)	ごご(午後)
ga i ko ku	gi mu	ka gu	ge ki	go go
외국	의무	가구	극	오후

2. ざ(za)行

ざ (za)	じ (zi)	ず (zu)	ぜ (ze)	ぞ (zo)
ざせき(座席)	かじ(火事)	かず(数)	ぜひ	かぞく(家族)
za se ki	ka zi	ka zu	ze hi	ka zo ku
좌석	화재	수	꼭	가족

3. だ(da)行

だ (da)	ぢ (zi)	づ (zu)	で (de)	ど (do)
だれ(誰) da re 누구	はなぢ(鼻血) ha na zi 코피	つづく(続く) tsu zu ku 계속하다	でし(弟子) de shi 제자	まど(窓) ma do 창문

4. ば(ba)行

ば (ba)	び (bi)	ぶ (bu)	べ (be)	ぼ (bo)
はば(幅) ha ba 폭	さび(錆) sa bi 녹	ぶつり(物理) bu tsu ri 물리	べつに(別に) be tsu ni 특별히	ほぼ ho bo 거의

3 반탁음(半濁音)

반탁음은 「ぱ(pa)」行 「ぱ(pa), ぴ(pi), ぷ(pu), ぺ(pe), ぽ(po)」 하나뿐이다.

ぱ (pa)	ぴ (pi)	ぷ (pu)	ぺ (pe)	ぽ (po)
いっぱい(一杯) ip pa i 가득, 한 잔	ぴかぴか pi ka pi ka 번쩍번쩍	きっぷ(切符) kip pu 표	けっぺき kep pe ki 결백	しっぽ ship po 꼬리

4 요음(拗音)

요음은 반모음 「や(ya), ゆ(yu), よ(yo)」를 「い(i)」를 제외한 「い」단, 즉 「き(ki), し(shi), ひ(hi), み(mi), り(ri), ぎ(gi), じ(zi), ぢ(zi), び(bi), ぴ(pi)」의 오른쪽 아래에 작게 「ゃ, ゅ, ょ」로 표기한 문자로, 한 음절로 발음한다.

かい<u>しゃ</u>(会社)　　　　<u>ちゅ</u>うい(注意)　　　<u>りょ</u>うり(料理)

ka i sya　　　　　　chū i　　　　　　ryō ri

회사　　　　　　　　주의　　　　　　요리

きゃ (kya)	きゅ (kyu)	きょ (kyo)	ぎゃ (gya)	ぎゅ (gyu)	ぎょ (gyo)
しゃ (sya)	しゅ (syu)	しょ (syo)	じゃ (zya)	じゅ (zyu)	じょ (zyo)
ちゃ (cha)	ちゅ (chu)	ちょ (cho)	ぢゃ (zya)	ぢゅ (zyu)	ぢょ (zyo)
にゃ (nya)	にゅ (nyu)	にょ (nyo)	みゃ (mya)	みゅ (myu)	みょ (myo)
ひゃ (hya)	ひゅ (hyu)	ひょ (hyo)	びゃ (bya)	びゅ (byu)	びょ (byo)
ぴゃ (pya)	ぴゅ (pyu)	ぴょ (pyo)	りゃ (rya)	りゅ (ryu)	りょ (ryo)

5 발음(撥音)

비음(鼻音)인 「ん」을 발음(撥音)이라 하는데 우리말의 받침에 해당하는 글자로서, 뒤에 오는 글자에 따라 발음 「ん」이 「m(ㅁ), n(ㄴ), ŋ(ㅇ), N」으로 音이 변한다.

① 「ん」이 「ま(ma)行, ば(ba)行, ぱ(pa)行」의 앞에서, 「m(ㅁ)」으로 발음된다.

し<u>ん</u>ぶん(新聞)　　　ぶ<u>ん</u>めい(文明)　　　じ<u>ん</u>ぶつ(人物)

shim bung　　　　bu m mei　　　zi m bu tsu

신문　　　　　　　문명　　　　　　인물

か<u>ん</u>ぱい(乾杯)　　　せ<u>ん</u>ぱい(先輩)　　　さ<u>ん</u>ぽ(散歩)

ka m pa i　　　　se m pa i　　　　sa m po

건배　　　　　　　선배　　　　　　산책

② 「ん」이 「さ(sa)行, ざ(za)行, た(ta)行, だ(da)行, な(na)行, ら(ra)行」의 앞에서 「n(ㄴ)」으로 발음된다.

はんじ(判事)	かんじ(漢字)	うんどう(運動)
ha n zi	ka n zi	u n dō
판사	한자	운동

おんな(女)	さんせい(賛成)	はんたい(反対)
o n na	san se i	han ta i
여자	찬성	반대

③ 「ん」이 「あ(a)行, か(ka)行」 앞에서 「ŋ(ㅇ)」으로 발음된다.

れんあい(恋愛)	てんき(天気)	ぶんがく(文学)
re ŋ a i	te ŋ ki	bu ŋ ga ku
연애	날씨	문학

④ 「ん」이 말끝에 올 때나, 반모음 「や, ゆ, よ」 앞에 올 때 「N」으로 발음된다.

ほんや(本屋)	ねだん(値段)
ho N ya	ne da N
책방	가격

6 촉음(促音)

촉음은 우리말의 받침역할을 하는 글자로, 「つ」를 작게 써서 「っ」로 표시하며 「つまる音」이라고도 하는데, 뒤에 오는 글자에 따라 「t(ㄷ), p(ㅂ), s(ㅅ), k(ㄱ)」의 음으로 변한다.

① 「た(ta)行, 즉 「た, ち, つ, て, と」 앞에서 촉음 「っ」은 「t(ㄷ)」으로 발음된다.

きっと	きって(切手)	おっと(夫)
ki t to	ki t te	o t to
틀림없이	우표	남편

② 「さ(sa)」行, 즉 「さ, し, す, せ, そ」앞에서 촉음 「っ」은 「s(ㅅ)」으로 발음된다.

けっして(決して)	ざっし(雑誌)	けっせき(欠席)	いっそ
ke s shi te	za s shi	ke s se ki	i s so
결코	잡지	결석	차라리

③ 「ぱ(pa)」行, 즉 「ぱ, ぴ, ぷ, ぺ, ぽ」앞에서 촉음 「っ」은 「p(ㅂ)」으로 발음된다.

いっぴき(一匹)	いっぱい(一杯)	しっぱい(失敗)	しっぽ
ip pi ki	ip pa i	ship pa i	ship po
한 마리	한 잔, 가득	실패	꼬리

④ 「か(ka)」行, 즉 「か, き, く, け, こ」앞에서 촉음 「っ」은 「k(ㄱ)」으로 발음된다.

けっか(結果)	にっき(日記)	ぶっか(物価)
ke k ka	ni k ki	bu k ka
결과	일기	물가

7 장음(長音)

장음은 한 음절의 길이를 길게 발음하는 것으로 장음의 표기방법은 각 가나(仮名)에 あ行(あ, い, う, え, お)을 붙여서 나타낸다. 이 때, 「あ, い, う, え, お」는 발음하지 않고, 앞의 음을 길게(2배로) 발음한다. 로마자의 표기는 「ā, ī, ū, ē, ō」로 한다.

おとうさん(お父さん)	ふうふ(夫婦)	おばあさん(お祖母さん)	うんどう(運動)
o tō saN	hū hu	o bā saN	u n dō
아버지	부부	할머니	운동

본문편

これは<ruby>何<rt>なん</rt></ruby>ですか。

이것은 무엇입니까?

 **새로 나온 말**

- 本(ほん) : 책
- 時計(とけい) : 시계
- 辞書(じしょ) : 사전
- 雑誌(ざっし) : 잡지
- 新聞(しんぶん) : 신문
- 地図(ちず) : 지도
- 切手(きって) : 우표
- 切符(きっぷ) : 표

これは本です。

이것은 책입니다.

それは時計です。

그것은 시계입니다.

あれは辞書です。

저것은 사전입니다.

これは何ですか。

이것은 무엇입니까?

それは雑誌です。

그것은 잡지입니다.

それは何ですか。

그것은 무엇입니까?

これは時計です。

이것은 시계입니다.

あれは何ですか。

저것은 무엇입니까?

あれは新聞です。

저것은 신문입니다.

あれも地図ですか。

저것도 지도입니까?

いいえ、あれは地図ではありません。

아니오, 저것은 지도가 아닙니다.

あれは切符です。

저것은 표입니다.

切手はどれですか。

우표는 어느 것입니까?

これです。

이것입니다.

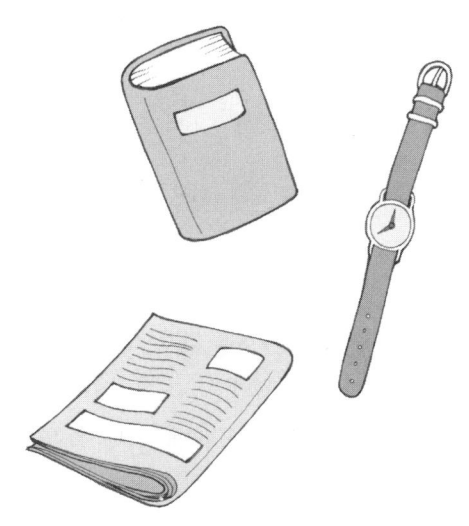

문법과 어구설명

1 조동사 「です」에 대해서

조동사 「です」는 주로 명사와 형용사에 이어져서 「~입니다」의 뜻으로 단정을 나타낸다.

① 명사에 이어진 예
  これは時計です。(이것은 시계입니다.)

② 형용사에 이어진 예
  今日も暑いです。(오늘도 덥습니다.)

2 조사에 「は」에 대해서

히라가나 「は」가 조사로 사용될 때에는 「ha」로 읽지 않고 「wa」로 읽으며, 주로 주어에 붙어서 「은, 는」의 뜻을 나타낸다.

  あれはいすです。(저것은 의자입니다.)
  これは鉛筆です。(이것은 연필입니다.)

3 의문조사 「か」에 대해서

히라가나 「か」가 문의 맨 뒤에 붙을 때는 의문조사로 사용되어 「~까?」의 뜻으로 의문을 나타낸다. 일본어에서는 의문문일 때에도 「?」 표시는 하지 않는다.

これは何^{なん}ですか。(이것은 무엇입니까?)

それもきっぷですか。(그것도 표입니까?)

4 조사 「も」에 대해서

조사 「も」는 우리말의 「도」로 해석된다.

これも地図^{ちず}です。(이것도 지도입니다.)

あれも本^{ほん}ですか。(저것도 책입니까?)

5 조동사 「です」의 부정형에 대해서

「です(입니다)」의 부정형은 「~では ありません(~이 아닙니다)」이다.

これは本です。(이것은 책입니다.)

これは本ではありません。(이것은 책이 아닙니다.)

6 지시대명사 「これ, それ, あれ, どれ」에 대해서

① これ(이것) ➜ 말하는 사람에게 가까운 사물을 가리킬 때 사용한다.

② それ(그것) ➜ 상대방, 즉 듣는 사람에게 가까운 사물을 가리킬 때 사용한다.

③ あれ(저것) ➜ 말하는 사람과 듣는 사람 모두에서 먼 곳의 사물을 가리킬 때 사용한다.

④ どれ(어느 것) ➜ 어느 것인지 지정되지 않은 사물을 가리킬 때 사용한다.

「これは~ですか(이것은 ~입니까?)」의 응답은 「それは~です(그것은 ~입니다.)」이다.

「それは~ですか(그것은 ~입니까?)」의 응답은 「これは~です(이것은 ~입니다.)」이다.

「あれは~ですか(저것은 ~입니까?)」의 응답은 「あれは~です(저것은 ~입니다.)」이다.

그러나 「どれが~ですか(어느 것이 ~입니까?)」의 응답은 사물의 위치에 따라서 다음과 같이 대답한다.

「これは~です(이것은 ~입니다.)」 (사물이 말하는 사람에게 가까이 있을 때)
「それは~です(그것은 ~입니다.)」 (사물이 듣는 사람에게 가까이 있을 때)
「あれは~です(저것은 ~입니다.)」 (사물이 말하는 사람과 듣는 사람으로부터 먼 곳에 있을 때)

 # 문형 응용연습

1

これ		時計(とけい)	
それ	は	切符(きっぷ)	です。
あれ		新聞(しんぶん)	

이것		시계	
그것	은	표	입니다.
저것		신문	

2

これ		雑誌(ざっし)	
それ	も	地図(ちず)	ですか。
あれ		辞書(じしょ)	

이것		잡지	
그것	도	지도	입니까?
저것		사전	

3

これ		切手(きって)	
それ	は	いす	ではありません。
あれ		鉛筆(えんぴつ)	

이것		우표	
그것	은	의자	가(이) 아닙니다.
저것		연필	

인사말

● **아침인사** : おはようこざいます。

나이어린 사람이나 친한 사람끼리는 「おはよう」를 사용할 수 있다.

● **낮인사** : こんにちは。

● **저녁인사** : こんばんは。

● **잠잘 때 하는 인사** : おやすみなさい。

● **헤어질 때 하는 인사** : さようなら。또는 さよなら。

● **감사합니다** : ありがとうございます。

나이어린 사람이나 친한 사람끼리는 「ありがとう」를 사용할 수 있다.

● **천만에요** : どういたしまして。

● **미안합니다** : すみません。

● **처음 뵙겠습니다** : はじめまして。

● **외출할 때 집에 있는 사람에게 하는 인사** :

「다녀오겠습니다」: 行ってきます。또는 行ってまいります。

● **외출할 때 집에 있는 사람이 외출하는 사람에게 하는 인사** :

즉, 「行ってきます」에 대한 대답으로 사용하는 말

「다녀오십시오」: 行っていらっしゃい。

● **외출한 사람이 집에 돌아와서 하는 인사** :

「지금 돌아왔습니다」: ただいま。

● **외출한 사람이 집에 돌아올 때 집안에 있는 사람이 하는 인사** :

즉, 「ただいま」에 대한 대답으로 사용하는 말

「어서 돌아오세요」: おかえりなさい。

나이어린 사람에게는 「おかえり」를 사용할 수 있다.

● **오래간만입니다** : しばらくです。

- 별고 없으십니까? : お変りありませんか。
- 덕분에, 덕택에 : おかげさまで。

- 식사할 때 하는 인사 :

  「잘 먹겠습니다」: いただきます。
- 식사 후에 하는 인사 :

  「잘 먹었습니다」: ごちそうさまでした。

❋ 처음 만났을 때의 인사법 ❋

田中 : はじめまして。(처음 뵙겠습니다.)

　　　田中と申します。(다나카라고 합니다.)

中村 : はじめまして。(처음 뵙겠습니다.)

　　　中村です。どうぞよろしく。(나카무라입니다. 잘 부탁합니다.)

田中 : こちらこそ。どうぞよろしくお願いします。

　　　(저야말로 잘 부탁드리겠습니다.)

私は日本人です。

나는 일본인입니다.

 새로 나온 말

- 日本人(にほんじん) : 일본인
- 韓国人(かんこくじん) : 한국인
- 中国人(ちゅうごくじん) : 중국인
- 彼(かれ) : 그이
- 彼女(かのじょ) : 그녀

- わたし : 나
- あなた : 당신
- 朝日新聞(あさひしんぶん) : 아사히신문
- 読売新聞(よみうりしんぶん) : 요미우리신문
- 毎日新聞(まいにちしんぶん) : 마이니치신문

わたしは日本人です。

나는 일본인입니다.

あなたは韓国人ですか。

당신은 한국인입니까?

彼は中国人です。

그는 중국인입니다.

これは朝日新聞です。

이것은 아사히신문입니다.

それは読売新聞です。

그것은 요미우리신문입니다.

あれは毎日新聞です。

저것은 마이니치신문입니다.

彼女は日本人ですか、韓国人ですか。

그녀는 일본인입니까? 한국인입니까?

彼女は日本人です。

그녀는 일본인입니다.

彼は日本人ですか、中国人ですか。

그는 일본인입니까? 중국인입니까?

彼は日本人でも中国人でもありません。

그는 일본인도 중국인도 아닙니다.

韓国人です。

한국인입니다.

これは何で、あれは何ですか。

이것은 무엇이고, 저것은 무엇입니까?

それは朝日新聞で、あれは毎日新聞です。

그것은 아사히신문이고, 저것은 마이니치신문입니다.

どれが読売新聞で、どれが朝日新聞ですか。

어느 것이 요미우리신문이고, 어느 것이 아사히신문입니까?

これが読売新聞で、あれが朝日新聞です。

이것이 요미우리신문이고, 저것이 아사히신문입니다.

1 인칭대명사에 대해서

인칭대명사	自称 (1인칭)	対称 (2인칭)	他称(3인칭)			不定称
			近称	中称	遠称	
인 칭 대 명 사	わたくし(私) (나, 저) わたし(私) (나) ぼく (나)	あなた (당신) あなた (당신) きみ(君) (자네)	この方 (이분) この人 (이사람)	その方 (그분) その人 (그사람)	あの方 (저분) あの人 (저사람)	どの方 (어느분) どなた (어느분) だれ (누구)

2 「～ですか ～ですか」 문형에 대해서

이 문형은 열거한 것 중에서 어느 하나를 선택하는 뜻을 나타낼 때 사용한다. (~입니까? ~입니까?)

あなたは日本人ですか韓国人ですか。(당신은 일본인입니까? 한국인입니까?)

これは新聞ですか雑誌ですか。(이것은 신문입니까? 잡지입니까?)

3 「～でも ～でも ありません」 문형에 대해서

이 문형은 양쪽 모두를 부정할 때 사용한다. (~도 ~도 아닙니다.)

わたしは日本人でも中国人でもありません。(나는 일본인도 중국인도 아닙니다.)

これは新聞でも雑誌でもありません。(이것은 신문도 잡지도 아닙니다.)

4 「これは〜で、それは〜ですか」에 대해서

이 문형에서 「で」는 말을 중지할 때 사용하며, 「이것은 〜이고, 그것은 〜입니까?」의 뜻이다.

> これは何で、それは何ですか。(이것은 무엇이고, 그것은 무엇입니까?)
>
> これは新聞で、それは雑誌です。(이것은 신문이고, 그것은 잡지입니다.)

① わたしは ｜日本人 / 韓国人 / 中国人｜ です。

나는 ｜일본인 / 한국인 / 중국인｜ 입니다.

② 彼 / 彼女 は ｜日本人 / アメリカ人（じん）｜ ですか ｜韓国人 / イギリス人（じん）｜ ですか。

그 / 그녀 는 ｜일본인 / 미국인｜ 입니까? ｜한국인 / 영국인｜ 입니까?

③ 彼 / 彼女 は ｜日本人 / アメリカ人｜ でも ｜韓国人 / イギリス人｜ でもありません。

그 / 그녀 는 ｜일본인 / 미국인｜ 도 ｜한국인 / 영국인｜ 도 아닙니다.

④

| これ
それ
あれ | は | 新聞
机^{つくえ}
本 | で | それ
これ
あれ | は | 雑誌
椅子
辞書 | です。 |

이것
그것
저것 은 신문
책상
책 이고, 그것
이것
저것 은 잡지
의자
사전 입니다.

⑤

どれが 切手^{きって}
新聞
本 で、どれが 切符^{きっぷ}
雑誌
辞書 ですか。

어느 것이 우표
신문
책 이고, 어느 것이 표
잡지
사전 입니까?

観光(かんこう) 관광　　　　　　　ホテル　호텔

観光地(かんこうち) 관광지　　　　公園(こうえん) 공원

見物(けんぶつ) 구경　　　　　　現金(げんきん) 현금

訪問(ほうもん) 방문　　　　　　個人(こじん) 개인

留学(りゅうがく) 유학　　　　　団体(だんたい) 단체

予約(よやく) 예약　　　　　　　販売(はんばい) 판매

税関(ぜいかん) 세관　　　　　　国際線(こくさいせん) 국제선

税金(ぜいきん) 세금　　　　　　国内線(こくないせん) 국내선

免税(めんぜい) 면세　　　　　　申告(しんこく) 신고

免税品(めんぜいひん) 면세품　　手荷物(てにもつ) 수화물

免税店(めんぜいてん) 면세점　　荷物(にもつ) 짐

空港(くうこう) 공항　　　　　　座席(ざせき) 좌석

港(みなと) 항구　　　　　　　　連絡先(れんらくさき) 연락처

駅(えき) 역　　　　　　　　　　仕事(しごと) 일

地下鉄(ちかてつ) 지하철　　　　名前(なまえ) 이름

乗り場(のりば) 승강장　　　　　案内(あんない) 안내

窓口(まどぐち) 창구　　　　　　部屋(へや) 방

銀行(ぎんこう) 은행

Memo

このカメラは会社のです。

이 카메라는 회사의 것입니다.

 **새로 나온 말**

- 会社(かいしゃ) : 회사
- 課長(かちょう) : 과장(님)
- 部長(ぶちょう) : 부장(님)
- 携帯電話(けいたいでんわ) : 휴대전화

- 荷物(にもつ) : 짐
- 誰(だれ) : 누구
- かばん : 가방
- 車(くるま) : 자동차

このカメラは会社のです。

이 카메라는 회사의 것입니다.

その車も会社のです。

그 자동차도 회사의 것입니다.

このかばんはわたしのです。

이 가방은 나의 것입니다.

その辞書は課長のです。

그 사전은 과장님의 것입니다.

この荷物は誰のですか。

이 짐은 누구의 것입니까?

その荷物は私のです。

그 짐은 나의 것입니다.

その地図は誰のですか。

그 지도는 누구의 것입니까?

この地図は部長のです。

이 지도는 부장님의 것입니다.

あの携帯電話は課長のですか。

저 휴대전화는 과장님의 것입니까?

いいえ、あれは課長のではありません。

아니오, 저것은 과장님의 것이 아닙니다.

部長のです。

부장님의 것입니다.

部長

문법과 어구설명

1 연체사 「この, その, あの, どの」에 대해서

연체사는 항상 체언(명사) 앞에 와서 사용된다.

① 「この(이)」 ➜ 말하는 사람에게 가까운 것을 가리키는 연체사
② 「その(그)」 ➜ 상대방, 즉 듣는 사람에게 가까운 것을 가리키는 연체사
③ 「あの(저)」 ➜ 말하는 사람, 듣는 사람 모두에서 먼 것을 가리키는 연체사
④ 「どの(어느)」 ➜ 어느 것인지 지정하지 않는 것, 즉 부정칭을 가리키는 연체사

　　この地図 (이 지도)
　　その雑誌 (그 잡지)
　　あの新聞 (저 신문)
　　どの色 (어떤 색)

2 소유의 의미를 나타내는 조사 「の」에 대해서

조사 「の」는 「~의, ~의 것」이란 뜻을 나타낸다.

　　この車は会社のです。 (이 자동차는 회사의 것입니다.)
　　これはわたしのです。 (이것은 나의 것입니다.)
　　そのかばんは田中さんのです。 (그 가방은 다나카 씨의 것입니다.)

 문형 응용연습

①

この	車 (くるま)	わたし	
そのあの	鉛筆 (えんぴつ) かばん	は	あなた	のです。
		吉田 (よしだ) さん	

이	자동차	나	
그	연필	은(는)	당신	의 것입니다.
저	가방	요시다 씨	

②

この	カメラ	わたし	
そのあの	荷物 (にもつ) パスポート	は	あなた	のではありません。
		田中 (たなか) さん	

이	카메라	나	
그	짐	은(는)	당신	의 것이 아닙니다.
저	여권	다나까 씨	

본 문 편 45

いくらですか。(얼마입니까?)

お元気ですか。(안녕하십니까?)

どうも ありがとうございます。(정말 감사합니다.)

どうも すみません。(정말 미안합니다.)

少々お待ちください。(잠깐만 기다려주십시오.)

ちょっとお待ちください。(잠시만 기다려주십시오.)

はい、かしこまりました。(예, 알겠습니다.)

はい、けっこうです。(예, 좋습니다.)

よろしいですか。(좋습니까?)

おいくつですか。(몇 살입니까?)

いくつですか。(몇 개입니까?)

もう一度言ってください。(한 번 더 말해주세요.)

もっとゆっくり話してください。(좀 천천히 말해주세요.)

なぜですか。(왜 그렇습니까?)

どうしてですか。(왜 그렇습니까?)

そうじゃありません。(그렇지 않습니다.)

大丈夫ですか。(괜찮습니까?)

お世話になりました。(여러모로 신세졌습니다.)

tip

* ✱ 添乗員(てんじょういん)
  添乗員은 여행사에서 해외로 단체여행을 가는데 같이 수행하는 「국외여행인솔자」를 말한다.

 **日本事情**

　일본의 행정구역은 크게 「都, 道, 府, 県」으로 구분하며 「1都, 1道, 2府, 43県」으로 구성되어 있다.

1都 ➜ 東京都(とうきょうと)

1道 ➜ 北海道(ほっかいどう)

2府 ➜ 大阪府(おおさかふ)
　　　京都府(きょうとふ)

43県 ➜ 青森県(あおもりけん)　　　　岐阜県(ぎふけん)
　　　　岩手県(いわてけん)　　　　　静岡県(しずおかけん)
　　　　宮城県(みやぎけん)　　　　　愛知県(あいちけん)
　　　　秋田県(あきたけん)　　　　　三重県(みえけん)
　　　　山形県(やまがたけん)　　　　滋賀県(しがけん)
　　　　福島県(ふくしまけん)　　　　兵庫県(ひょうごけん)
　　　　茨城県(いばらぎけん)　　　　奈良県(ならけん)
　　　　神奈川県(かながわけん)　　　和歌山県(わかやまけん)
　　　　群馬県(ぐんまけん)　　　　　鳥取県(とっとりけん)
　　　　栃木県(とちぎけん)　　　　　島根県(しまねけん)
　　　　新潟県(にいがたけん)　　　　岡山県(おかやまけん)
　　　　埼玉県(さいたまけん)　　　　広島県(ひろしまけん)
　　　　千葉県(ちばけん)　　　　　　山口県(やまぐちけん)
　　　　富山県(とやまけん)　　　　　徳島県(とくしまけん)
　　　　石川県(いしかわけん)　　　　香川県(かがわけん)
　　　　福井県(ふくいけん)　　　　　愛媛県(えひめけん)
　　　　山梨県(やまなしけん)　　　　高知県(こうちけん)
　　　　長野県(ながのけん)　　　　　福岡県(ふくおかけん)

佐賀県(さがけん)
長崎県(ながさきけん)
熊本県(くまもとけん)
大分県(おおいたけん)

宮崎県(みやざきけん)
鹿児島県(かごしまけん)
沖縄県(おきなわけん)

※ **일본의 주요 도시** ※

東京(とうきょう) 동경
京都(きょうと) 교토
名古屋(なごや) 나고야
神戸(こうべ) 고베
広島(ひろしま) 히로시마
仙台(せんだい) 센다이

大阪(おおさか) 오사카
福岡(ふくおか) 후쿠오카
岡山(おかやま) 오카야마
奈良(なら) 나라
札幌(さっぽろ) 삿뽀로

Memo

観光客はどこにいますか。

<ruby>観光客<rt>かんこうきゃく</rt></ruby>はどこにいますか。

관광객은 어디에 있습니까?

 **새로 나온 말**

- 中村(なかむら) : 나카무라
- 三木(みき) : 미키
- 人(ひと) : 사람
- 観光客(かんこうきゃく) : 관광객
- 部長(ぶちょう) : 부장(님)

- 食堂(しょくどう) : 식당
- 方(かた) : 분
- 社長(しゃちょう) : 사장(님)
- ガイドさん : 가이드

この人が中村さんです。

이 사람이 나카무라 씨입니다.

この方が三木さんです。

이 분이 미키 씨입니다.

その人は日本人です。

그 사람은 일본인입니다.

その方は韓国人です。

그분은 한국인입니다.

あの人が部長です。

저 사람이 부장(님)입니다.

あの人が社長です。

저 분이 사장(님)입니다.

ガイドさんはどこにいますか。

가이드는 어디에 있습니까?

ガイドさんは2階にいます。

가이드는 2층에 있습니다.

観光客はどこにいますか。

관광객은 어디에 있습니까?

観光客は食堂にいます。

관광객은 식당에 있습니다.

どの人が中村さんで、どの人が三木さんですか。

어느 사람이 나카무라 씨이고 어느 사람이 미키 씨입니까?

この人が中村さんで、その人が三木さんです。

이 사람이 나카무라 씨이고 그 사람이 미키 씨입니다.

どの方が社長で、どの方が部長ですか。

어느 분이 사장(님)이고, 어느 분이 부장(님)입니까?

その方が社長で、あの方が部長です。

그 분이 사장(님)이고, 저 분이 부장(님)입니다.

1 조동사「ます」에 대해서

조동사「ます」는「입니다」의 뜻으로, 공손의 의미를 나타낸다.

　　いる(있다) ➡ います(있습니다)
　　買う(사다) ➡ 買います(삽니다)
　　売る(팔다) ➡ 売ります(팝니다)

2 동사「いる」에 대해서

동사「いる」는「있다」라는 생물의 존재를 나타내며, 공손어는「います(있습니다)」이다.

　　ガイドさんは会議室にいる。(가이드는 회의실에 있다.)
　　観光客は食堂にいます。(관광객은 식당에 있습니다.)

3 조사「が」에 대해서

조사「が」는 주어에 붙어서「이, 가」의 뜻을 나타낸다.

　　この方が課長です。(이분이 과장(님)입니다.)
　　わたしが書きます。(내가 씁니다.)

4 장소를 나타내는 조사 「に」에 대해서

조사 「に」는 「~에」의 뜻으로 주로 존재를 나타내는 동사와 같이 사용하여 움직이지 않는 상태를 나타낼 때 사용한다.

山本さんは部屋にいます。(야마모토 씨는 방에 있습니다.)

5 方(かた), 분

「方(かた)」는 「분」의 뜻으로 사람 「人(ひと)」의 높임말로 사용된다.

この人が課長です。(이 사람이 과장(님)입니다.)
この方が社長です。(이 분이 사장(님)입니다.)

①

この	人	が	社長 しゃちょう	です。
その	方		専務 せん む	
あの			常務 じょう む	

이	사람	이	사장(님)	입니다.
그	분		전무(님)	
저			상무(님)	

②

部長 ぶ ちょう	会議室 かい ぎ しつ	にいます。
課長 か ちょう は	食堂 しょくどう	
係長 かかりちょう	部屋 へ や	

부장(님)	회의실	에 있습니다.
과장(님) 은	식당	
계장(님)	방	

③

| どの | 人 | が | 課長 | で、どの | 人 | が | 部長 | ですか。 |
| | 方 | | 社長 | | 方 | | 専務 | |

| 어느 | 사람 | 이 | 과장(님) | 이고, 어느 | 사람 | 이 | 부장(님) | 입니까? |
| | 분 | | 사장(님) | | 분 | | 전무(님) | |

54 신개념 기초 실무관광일본어

1

観光案内所 (かんこうあんないしょ)			관광안내소	
切符売り場 (きっぷうりば)	どこですか。		매표소	은(는) 어디입니까?
トイレ			화장실	

市内観光をしたいんですが。(시내 관광을 하고 싶습니다만)
しないかんこう

どんな観光コースがありますか。(어떤 관광코스가 있습니까?)
かんこう

入場料はいくらですか。(입장료는 얼마입니까?)
にゅうじょうりょう

何時間かかりますか。(몇 시간 걸립니까?)
なんじかん

2

観光コースのパンフレット
入場券
(にゅうじょうけん)

を見せてください。

관광코스 팜플렛
입장권

을 보여주세요.

ここで写真をとってもいいですか。(여기에서 사진을 찍어도 됩니까?)
しゃしん

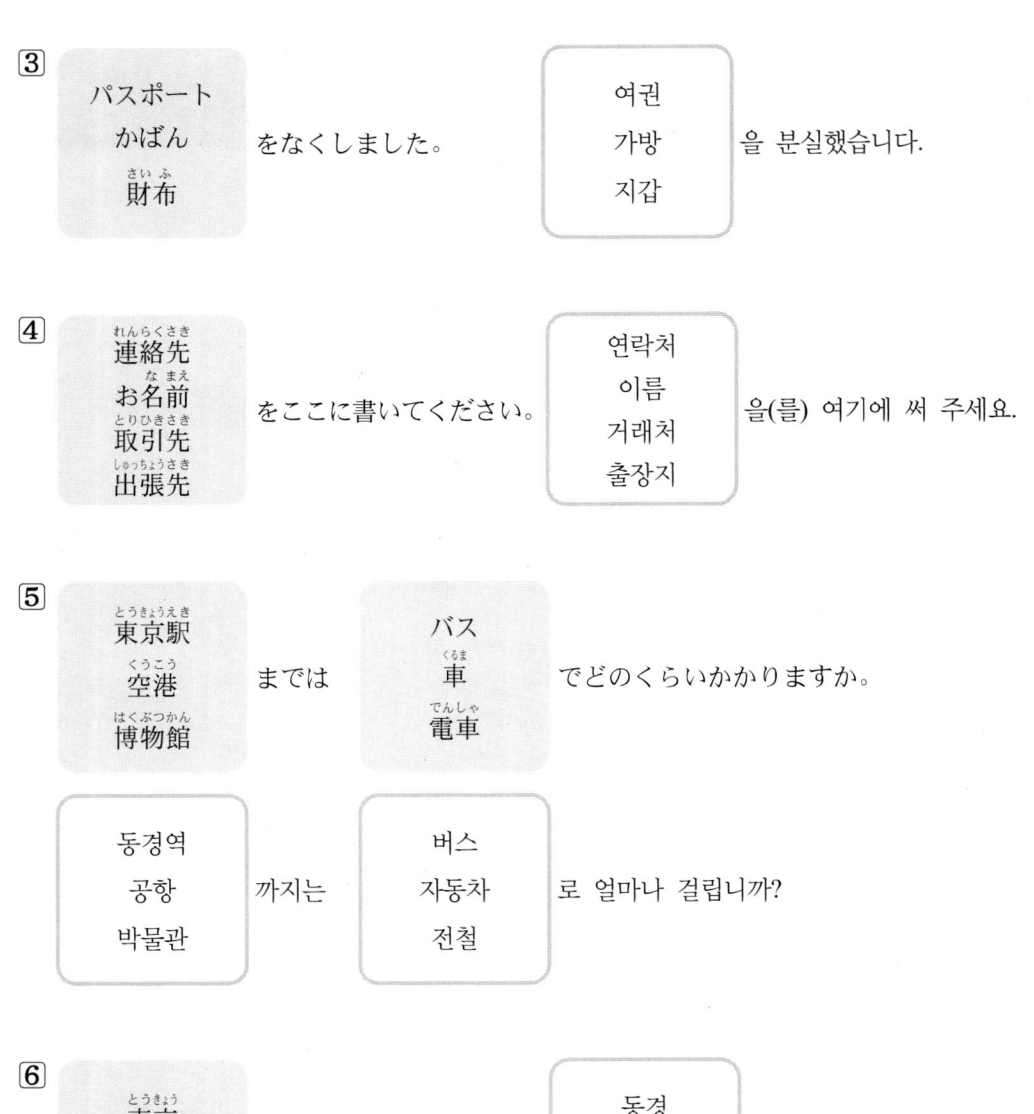

③ パスポート / かばん / 財布（さいふ） をなくしました。

여권 / 가방 / 지갑 을 분실했습니다.

④ 連絡先（れんらくさき） / お名前（なまえ） / 取引先（とりひきさき） / 出張先（しゅっちょうさき） をここに書いてください。

연락처 / 이름 / 거래처 / 출장지 을(를) 여기에 써 주세요.

⑤ 東京駅（とうきょうえき） / 空港（くうこう） / 博物館（はくぶつかん） までは バス / 車（くるま） / 電車（でんしゃ） でどのくらいかかりますか。

동경역 / 공항 / 박물관 까지는 버스 / 자동차 / 전철 로 얼마나 걸립니까?

⑥ 東京（とうきょう） / ソウル / 京都（きょうと） ははじめてですか。

동경 / 서울 / 교토 은(는) 처음입니까?

日本事情

일본의 祝日에 대해서

(祝日은 休日로, 음력을 사용하지 않고, 양력만을 사용한다.)

元旦(설날) ➡ 1月1日

成人の日(성인의 날) ➡ 1月15日

建国記念の日(건국기념일) ➡ 2月11日

春分の日(춘분) ➡ 3月21日

みどりの日(녹음의 날) ➡ 4月29日

こどもの日(어린이 날) ➡ 5月5日

海の日(바다의 날) ➡ 7月20日

敬老の日(경로의 날) ➡ 9月15日

秋分の日(추분) ➡ 9月23日

体育の日(체육의 날) ➡ 10月10日

文化の日(문화의 날) ➡ 11月3日

勤労感謝の日(근로감사의 날) ➡ 11月23日

天皇誕生日(천황탄생일) ➡ 12月23日

tip

※ 일본은 석가탄신일, 크리스마스는 공휴일로 하지 않는다.

かぎはどこにありますか。

열쇠는 어디에 있습니까?

 **새로 나온 말**

- かばん : 가방
- 机(つくえ) : 책상
- ひきだし : 서랍
- のり : 풀
- 前(まえ) : 앞

- そば : 옆
- 名刺(めいし) : 명함
- はさみ : 가위
- かぎ : 열쇠
- テレビ : 텔레비전

かぎはどこにありますか。

열쇠는 어디에 있습니까?

かぎは机の上にあります。

열쇠는 책상 위에 있습니다.

名刺はどこにありますか。

명함은 어디에 있습니까?

名刺はひきだしの中にあります。

명함은 서랍 안에 있습니다.

ひきだしの中にはが何がありますか。

서랍 안에는 무엇이 있습니까?

ひきだしの中にははさみやのりや名刺などがあります。

서랍 안에는 가위랑 풀이랑 명함 등이 있습니다.

鉛筆はありませんか。

연필은 없습니까?

いいえ、鉛筆もあります。

아니오, 연필도 있습니다.

東京地図はどこにありますか。

동경지도는 어디에 있습니까?

東京地図はテレビのそばにあります。

동경지도는 텔레비전 옆에 있습니다.

かばんはどこにありますか。

가방은 어디에 있습니까?

かばんはテレビの前にあります。

가방은 텔레비전 앞에 있습니다.

1 동사 「ある」에 대해서

동사 「ある」는 「있다」라는 뜻으로 무생물의 존재를 나타내며 공손어는 「あります(있습니다)」이다.

> 名刺は机の上に<u>ある</u>。 (명함은 책상 위에 있다.)
> 名刺は机の上に<u>あります</u>。 (명함은 책상 위에 있습니다.)

2 「～や～や～などがある」 문형에 대해서

조사 「や」는 사물을 여러 개 나열할 때 사용한다.(~랑 ~랑 ~등이 있다)

> 机の上には名刺<u>や</u>鉛筆<u>や</u>ノート<u>など</u>がある。
> (책상 위에는 명함이랑 연필이랑 노트 등이 있다.)
> ひきだしのなかにははさみ<u>や</u>のり<u>や</u>名刺<u>など</u>があります。
> (서랍 안에는 가위랑 풀이랑 명함 등이 있습니다.)

3 위치를 나타내는 명사의 종류

前(앞) 後(뒤)　　右(오른쪽) 左(왼쪽)

上(위) 下(아래)　　中(안) そば(옆) 横(옆)

4 부정의 의문형 「ありませんか(없습니까?)」에 대해서

「あります(있습니다)」의 부정형은 「ありません(없습니다)」으로 부정의 의문형은 「ありません(없습니까?)」이다.

> 新聞は<u>あります</u>。(신문은 있습니다.)
> 雑誌は<u>ありません</u>。(잡지는 없습니다.)
> 日本語の辞書は<u>ありませんか</u>。(일본어 사전은 없습니까?)

문형 응용연습

1

名刺
パスポート
かぎ

はどこにありますか。

명함
여권
열쇠

은(는) 어디에 있습니까?

2

かぎ
名刺
パスポート

は

机
椅子
テレビ

の

中
上
下

にあります。

열쇠
명함
여권

은(는)

책상
의자
텔레비전

의

안
위
아래

에 있습니다.

3

ひきだしの中に

鉛筆
写真
名刺

はありませんか。

서랍 안에

연필
사진
명함

은(는) 없습니까?

④

ひきだしの中に
| ボールペン
はさみ
名刺 | や | 鉛筆
のり
写真 | や | 万年筆
かぎ
封筒 | などがある。 |

서랍 안에는
| 볼펜
가위
명함 | 이(랑) | 연필
풀
사진 | 이(랑) | 만년필
열쇠
봉투 | 등이 있다. |

모든 동사는 활용어미가 「う」단으로 끝난다.

1 동사활용의 종류

5단 활용동사	➡ 활용어미가 5단에 걸쳐 활용하는 동사
상1단 활용동사	➡ 활용어미가 「い」단에서 활용하는 동사
하1단 활용동사	➡ 활용어미가 「え」단에서 활용하는 동사
カ行변격활용동사 サ行변격활용동사	➡ 불규칙활용을 한다.

語幹(어간) ➡ 活用하지 않는 部分
活用語尾(활용어미) ➡ 活用하는 部分

● 5단 활용동사의 예

行く (가다)	書く (쓰다)	会う (만나다)
言う (말하다)	話す (이야기하다)	立つ (일어서다)
死ぬ (죽다)	読む (읽다)	乗る (타다)
帰る (돌아가다)	分る (알다)	知る (알다)

起こる (일어나다)	待つ (기다리다)	習う (배우다)
作る (만들다)	遊ぶ (놀다)	飲む (마시다)

● 상1단 활용동사의 예

起きる (일어나다)	居る (있다)	借りる (빌리다)
足りる (충분하다)	見る (보다)	似る (닮다)
信じる (믿다)	落ちる (떨어지다)	用いる (사용하다)

● 하1단 활용동사의 예

食べる (먹다)	建てる (세우다, 짓다)	考える (생각하다)
投げる (던지다)	教える (가르치다)	出る (나오다)
告げる (알리다)	寝る (자다)	任せる (맡기다)

● カ行 변격활용동사의 예

「来る(오다)」 하나뿐이다.

● サ行 변격활용동사의 예

「する(하다)」 하나뿐이다.

1. 5단 동사의 활용표

기본형	어간	未然形	連用形	終止形	連体形	仮定形	命令形
書<ruby>書<rt>か</rt></ruby>く (쓰다)	か	か こ	き い	く	く	け	け
待<ruby>待<rt>ま</rt></ruby>つ (기다리다)	ま	た と	ち っ	つ	つ	て	て
読<ruby>読<rt>よ</rt></ruby>む (읽다)	よ	ま も	み ん	む	む	め	め
会<ruby>会<rt>あ</rt></ruby>う (만나다)	あ	わ お	い っ	う	う	え	え
주된 용법		부정을 나타내는 조동사 「ない」와 추측, 의지, 권유를 나타내는 조동사 「う」에 이어진다.	공손의 조동사 「ます」와 과거를 나타내는 조동사 「た」 접속조사 「たり, たら, て」에 이어진다.	말을 끝맺는다.	とき, ひと, もの, こと 등과 같은 체언에 이어지고 기본형과 같은 형이다.	「ば」에 이어져 가정의 의미를 나타낸다.	명령의 뜻으로 말을 마친다.

활용어미가 「う」로 끝나는 「5단 활용동사」는 미연형 「ない」에 이어질 경우에 활용어미 「う」가 「あ」로 바뀌지 않고 「わ」로 바뀌는 점에 주의해야 한다.

2. 5단 활용동사의 활용 예

● <ruby>手紙<rt>てがみ</rt></ruby>を<ruby>書<rt>か</rt></ruby>く。(편지를 쓴다)

未然形 (미연형)	<ruby>手紙<rt>てがみ</rt></ruby>を<ruby>書<rt></rt></ruby>かない。(편지를 쓰지 않는다.) <ruby>手紙<rt>てがみ</rt></ruby>を<ruby>書<rt></rt></ruby>こう。(편지를 쓰자, 쓰겠다, 쓰겠지.)
連用形 (연용형)	<ruby>手紙<rt>てがみ</rt></ruby>を<ruby>書<rt></rt></ruby>きます。(편지를 씁니다.) <ruby>手紙<rt>てがみ</rt></ruby>を<ruby>書<rt></rt></ruby>いた。(편지를 썼다.) <ruby>手紙<rt>てがみ</rt></ruby>を<ruby>書<rt></rt></ruby>いたり。(편지를 쓰기도 하고) <ruby>手紙<rt>てがみ</rt></ruby>を<ruby>書<rt></rt></ruby>いて。(편지를 쓰고, 편지를 써서)
終止形 (종지형)	<ruby>手紙<rt>てがみ</rt></ruby>を<ruby>書<rt></rt></ruby>く。(편지를 쓰다.)

連体形 (연체형)	手紙を<u>書く</u>時。(편지를 쓸 때)
仮定形 (가정형)	手紙を<u>書け</u>ば。(편지를 쓰면)
命令形 (명령형)	手紙を<u>書け</u>。(편지를 써라.)

위와 같이 활용어미 「く」는 「か, き, く, け, こ」로 바뀌어져 즉 「あ, い, う, え, お」의 5단에 걸쳐서 활용을 한다. 이와 같이 5단에 걸쳐서 활용하는 동사를 5단 활용동사」라고 한다.

2 상1단 활용동사의 활용표와 활용 예

1. 상1단 활용동사의 활용표

기본형	어간	未然形	連用形	終止形	連体形	仮定形	命令形
起きる (일어나다)	お	き	き	きる	きる	きれ	きろ (きよ)
着る (입다)	○	き	き	きる	きる	きれ	きろ (きよ)
信じる (믿다)	しん	じ	じ	じる	じる	じれ	じろ (じよ)
見る (보다)	○	み	み	みる	みる	みれ	みろ (みよ)
주된 용법		부정을 나타내는 조동사 「ない」와 추측, 의지, 권유를 나타내는 조동사 「よう」에 이어진다.	공손의 조동사 「ます」와 과거를 나타내는 조동사 「た」 접속조사 「たり, たら, て」에 이어진다.	말을 끝맺는다.	とき, ひと, もの, こと 등과 같은 체언에 이어지고 기본형과 같은 형이다.	「ば」에 이어져 가정의 의미를 나타낸다.	명령의 뜻으로 말을 마친다.

「着る」, 「見る」와 같이 2자로 된 단어는 어간과 활용어미의 구별이 없다.

2. 상1단 활용동사의 활용 예

○ 映画を見る。(영화를 본다)

未然形 (미연형)	映画を見ない。(영화를 보지 않는다.) 映画を見よう。(영화를 보자, 보겠다, 보겠지.)
連用形 (연용형)	映画を見ます。(영화를 봅니다.) 映画を見た。(영화를 보았다.) 映画を見たり。(영화를 보기도 하고) 映画を見て。(영화를 보고, 영화를 보아서)
終止形 (종지형)	映画を見る。(영화를 보다.)
連体形 (연체형)	映画を見る時。(영화를 볼 때)
仮定形 (가정형)	映画を見れば。(영화를 보면)
命令形 (명령형)	映画を見ろ。映画を見よ。(영화를 보아라.)

　위와 같이 활용어미 「見る」는 「あ, い, う, え, お」의 5단 중에서 「い」단인 「み」로만 활용된 것을 알 수 있다. 이와 같이 「あ, い, う, え, お」의 5단 중에서 「い」단에서만 활용하는 동사를 상1단 동사라고 한다.

3 하1단 활용동사의 활용표와 활용 예

1. 하1단 활용동사의 활용표

기본형	어간	未然形	連用形	終止形	連体形	仮定形	命令形
考える (생각하다)	かんが	え	え	える	える	えれ	えろ (えよ)
投げる (던지다)	な	げ	げ	げる	げる	げれ	げろ (げよ)
出る (나가다)	○	で	で	でる	でる	でれ	でろ (でよ)
寝る (자다)	○	ね	ね	ねる	ねる	ねれ	ねろ (ねよ)
주된 용법		부정을 나타내는 조동사 「ない」와 추측, 의지, 권유를 나타내는 조동사 「よう」에 이어진다.	공손의 조동사 「ます」와 과거를 나타내는 조동사 「た」 접속조사 「たり, たら, て」에 이어진다.	말을 끝맺는다.	とき, ひと, もの, こと 등과 같은 체언에 이어지고 기본형과 같은 형이다.	「ば」에 이어져 가정의 의미를 나타낸다.	명령의 뜻으로 말을 마친다.

「出る」, 「寝る」와 같이 2자로 된 단어는 어간과 활용어미의 구별이 없다.

2. 하1단 활용동사의 활용 예

● ご飯を食べる。(밥을 먹는다.)

未然形 (미연형)	ご飯を食べない。(밥을 먹지 않는다.) ご飯を食べよう。(밥을 먹자, 먹겠다, 먹겠지.)
連用形 (연용형)	ご飯を食べます。(밥을 먹습니다.) ご飯を食べた。(밥을 먹었다.) ご飯を食べたり。(밥을 먹기도 하고) ご飯を食べて。(밥을 먹고, 밥을 먹어서)
終止形 (종지형)	ご飯を食べる。(밥을 먹는다.)

連体形 (연체형)	ご飯を<u>食べる</u>時。(밥을 먹을 때)
仮定形 (가정형)	ご飯を<u>食べれ</u>ば。(밥을 먹으면)
命令形 (명령형)	ご飯を<u>食べろ</u>。ご飯を<u>食べよ</u>。(밥을 먹어라.)

위와 같이 동사「食べる」는 활용어미「べる」가「あ, い, う, え, お」의 5단 중에서「え」단인「べ」로만 활용된 것을 알 수 있다. 이와 같이「あ, い, う, え, お」의 5단 중에서「え」단에서만 활용하는 동사를 하1단 동사라고 한다.

4 カ行 변격활용동사의 활용 예

- 友だちが<u>来る</u>。(친구가 온다.)

未然形 (미연형)	友だちが<u>来ない</u>。(친구가 오지 않는다.) 友だちが<u>来よう</u>。(친구가 오겠지.)
連用形 (연용형)	友だちが<u>来ます</u>。(친구가 옵니다.) 友だちが<u>来た</u>。(친구가 왔다.) 友だちが<u>来たり</u>。(친구가 오기도 하고) 友だちが<u>来て</u>。(친구가 와서, 친구가 오고)
終止形 (종지형)	友だちが<u>来る</u>。(친구가 온다.)
連体形 (연체형)	友だちが<u>来る</u>時。(친구가 올 때)
仮定形 (가정형)	友だちが<u>来れ</u>ば。(친구가 오면)
命令形 (명령형)	早く<u>来い</u>。(빨리 와라.)

カ行 변격활용동사는「来る」하나뿐으로 불규칙 활용을 하기 때문에 암기해야 한다.

5 サ行 변격활용동사의 활용 예

● 勉強^{べんきょう}をする。(공부를 한다.)

未然形 (미연형)	勉強^{べんきょう}を<u>しない</u>。(공부를 하지 않는다.) 勉強^{べんきょう}を<u>せぬ</u>。(공부를 하지 않는다.) 勉強^{べんきょう}を<u>させる</u>。(공부를 시키다.) 勉強^{べんきょう}を<u>しよう</u>。(공부를 하자.)
連用形 (연용형)	勉強^{べんきょう}を<u>します</u>。(공부를 합니다.) 勉強^{べんきょう}を<u>した</u>。(공부를 했다.) 勉強^{べんきょう}を<u>したり</u>。(공부를 하기도 하고) 勉強^{べんきょう}を<u>して</u>。(공부를 하고, 공부를 해서)
終止形 (종지형)	勉強^{べんきょう}を<u>する</u>。(공부를 한다.)
連体形 (연체형)	勉強^{べんきょう}を<u>する</u>時。(공부를 할 때)
仮定形 (가정형)	勉強^{べんきょう}を<u>すれば</u>。(공부를 하면)
命令形 (명령형)	勉強^{べんきょう}を<u>しろ</u>。勉強^{べんきょう}を<u>せよ</u>。(공부를 해라.)

サ行 변격활용동사 「する」 하나뿐으로 불규칙 활용을 하기 때문에 암기해야 한다.

6 동사의 音便(음편)에 대해서

音便이란 「申^{もう}す, 直^{なお}す, 話^{はな}す」와 같이 활용어미가 「す」로 끝나는 5단 활용동사를 제외한, 5단 활용동사의 연용형에 접속조사 「て(고, 서, 아, 어, 여)」, 「たり(~거나, ~이기도 하고)」, 「たら(~면)」와 조동사 「た(~였다)」에 이어질 때 일어나는 음의 변화현상을 말한다. 音便에는 「イ音便 (이음편)」, 「促音便(촉음편 : つまる音便이라고도 한다)」, 「撥音便(발음편 : はねる音便이라고 도 한다)」의 3종류가 있다.

1. 「イ音便(이음편)」에 대해서

「イ音便」이란 활용어미가 「く, ぐ」로 끝나는 5단 활용동사가 「て, たり, た, たら」에 이어질 때 활용어미 「く, ぐ」가 「い」로 변하는 현상이다.

歩く (걷다) ➡ 歩いた (걸었다)
歩いて (걸어서, 걷고)
歩いたり (걷기도 하고)
歩いたら (걸으면)

書く (쓰다) ➡ 書いた (썼다)
書いて (쓰고, 써서)
書いたり (쓰기도 하고)
書いたら (쓰면)

泳ぐ (헤엄치다) ➡ 泳いだ (헤엄쳤다)
泳いで (헤엄치고, 헤엄쳐서)
泳いだり (헤엄치기도 하고)
泳いだら (헤엄치면)

활용어미가 「ぐ」로 끝나는 경우에는 「た, て, たり, たら」에 탁음이 붙은 「だ, で, だり, だら」의 형이 되는 점을 주의해야한다. 단, 「行く」동사는 活用어미가 「く」로 끝나는 5단 활용동 사이지만 활용어미 「く」가 「い」로 바뀌는 「イ音便」이 아니라 「っ」로 바뀌는 「促音便」이라는 점에 주의해야 한다.

行く (가다) ➡ 行った (갔다)   行いた(×)
行って (가서, 가고)   行いて(×)
行ったり (가기도 하고) 行いたり(×)
行ったら (가면)   行いたら(×)

● 활용어미가 「く」와 「ぐ」로 끝나는 동사의 예

動く(움직이다)	聞く(듣다)	急ぐ(서두르다)	脱ぐ(벗다)
咲く(피다)	泣く(울다)	騒ぐ(떠들다)	働く(일하다)

2. 「促音便(촉음편)」에 대해서

「促音便」이란 「つまる音便」이라고도 하며, 활용어미가 「う, つ, る」로 끝나는 5단 활용동사가 「た, て, たり, たら」에 이어질 때 활용어미 「う, つ, る」가 촉음 「っ」으로 변하는 현상이다.

会う (만나다) ➔ 会っ<u>た</u> (만났다)
　　　　　　　　会っ<u>て</u> (만나서, 만나고)
　　　　　　　　会っ<u>たり</u> (만나기도 하고)
　　　　　　　　会っ<u>たら</u> (만나면)

言う (말하다) ➔ 言っ<u>た</u> (말했다)
　　　　　　　　言っ<u>て</u> (말하고, 말해서)
　　　　　　　　言っ<u>たり</u> (말하기도 하고)
　　　　　　　　言っ<u>たら</u> (말하면)

● 활용어미가 「う」로 끝나는 동사의 예

思う(생각하다)	買う(사다)	食う(먹다)
違う(틀리다)	願う(원하다)	笑う(웃다)
習う(배우다)		

待つ (기다리다) ➔ 待っ<u>た</u> (기다렸다)
　　　　　　　　　待っ<u>て</u> (기다려서, 기다리고)
　　　　　　　　　待っ<u>たり</u> (기다리기도 하고)
　　　　　　　　　待っ<u>たら</u> (기다리면)

立つ (일어서다) ➔ 立っ<u>た</u> (일어섰다)

立っ<u>て</u> (일어서고, 일어서서)

立っ<u>たり</u> (일어서기도 하고)

立っ<u>たら</u> (일어서면)

● 활용어미가 「つ」로 끝나는 동사의 예

持つ(들다)	勝つ(이기다)	育つ(자라다)

乗る (타다) ➔ 乗っ<u>た</u> (탔다)

　　　　　　　 乗っ<u>て</u> (타서, 타고)

　　　　　　　 乗っ<u>たり</u> (타기도 하고)

　　　　　　　 乗っ<u>たら</u> (타면)

降る (내리다)➔ 降っ<u>た</u> (내렸다)

　　　　　　　 降っ<u>て</u> (내리고, 내려서)

　　　　　　　 降っ<u>たり</u> (내리기도 하고)

　　　　　　　 降っ<u>たら</u> (내리면)

● 활용어미가 「る」로 끝나는 동사의 예

困る(곤란하다)	帰る(돌아가다, 돌아오다)	しゃべる(지껄이다)
切る(자르다)	知る(알다)	登る(오르다)
滑る(미끄러지다)	積もる(쌓이다)	寄る(들르다)
走る(달리다)	渡る(건너다)	

3. 撥音便(발음편)에 대해서

「撥音便」이란 「はねる音便」이라고도 하며, 활용어미가 「ぬ, ぶ, む」로 끝나는 5단 활용동사가 「た, て, たり, たら」에 이어질 때, 활용어미 「ぬ, ぶ, む」가 「ん」으로 변하는 현상이다. 이때 「ん」 다음에 오는 「た, て, たり, たら」에는 탁음이 붙어서, 「だ, で, だり, だら」의 형으로 변한다.

死ぬ (죽다) ➜ 死んだ (죽었다)

死んで (죽고, 죽어서)

死んだり (죽기도 하고)

死んだら (죽으면)

遊ぶ (놀다) ➜ 遊んだ (놀았다)

遊んで (놀고, 놀아서)

遊んだり (놀기도 하고)

遊んだら (놀면)

● **활용어미가 「ぶ」로 끝나는 동사의 예**

飛ぶ(날다) 並ぶ(늘어서다)	浮かぶ(뜨다) 喜ぶ(기뻐하다)	叫ぶ(외치다)

飲む (마시다) ➜ 飲んだ (마셨다)

飲んで (마시고, 마셔서)

飲んだり (마시기도 하고)

飲んだら (마시면)

● **활용어미가 「む」로 끝나는 동사의 예**

読む(읽다) 縮む(줄어들다)	進む(전진하다) 望む(기대하다)	頼む(부탁하다)

활용어미가 「す」로 끝나는 5단 활용동사와 상1단, 하1단 활용동사 그리고 サ행변격, カ행변격 활용동사는 연용형에 「た, て, たり, たら」를 바로 접속시켜서 사용한다.

免税店はどこですか。
めんぜいてん

면세점은 어디입니까?

 **새로 나온 말**

- 会議室(かいぎしつ) : 회의실
- 免税店(めんぜいてん) : 면세점
- 博物館(はくぶつかん) : 박물관
- トイレ : 화장실

- すぐ : 바로
- いくつ : 몇 개
- 駐車場(ちゅうしゃじょう) : 주차장

ここは食堂です。

여기는 식당입니다.

そこは会議室です。
かいぎしつ

거기는 회의실입니다.

あそこはトイレです。

저기는 화장실입니다.

免税店はどこですか。

면세점은 어디입니까?

あそこです。

저기입니다.

博物館^{はくぶつかん}はどこですか。

박물관은 어디입니까?

博物館はすぐそこです。

박물관은 바로 거기입니다.

駐車場に車は何台^{なんだい}ありますか。

주차장에 자동차는 몇 대 있습니까?

1台^{だい}、2台^{だい}、3台^{だい}、4台^{だい}、5台^{だい}、5台^{だい}あります。

한 대, 두 대, 세 대, 네 대, 다섯 대, 다섯 대 있습니다.

机^{つくえ}はいくつありますか。

책상은 몇 개 있습니까?

一^{ひと}つ、二^{ふた}つ、三^{みっ}つ、四^{よっ}つ、五^{いつ}つ、六^{むっ}つ、七^{なな}つ、全部で七^{なな}つあります。

한 개, 두 개, 세 개, 네 개, 다섯 개, 여섯 개, 일곱 개, 전부 일곱 개 있습니다.

コンピューターは何台^{なんだい}ありますか。

컴퓨터는 몇 대 있습니까?

コンピューターは一台^{いちだい}しかありません。

컴퓨터는 한 대밖에 없습니다.

문법과 어구설명

1 지시대명사 「ここ, そこ, あそこ, どこ」에 대해서

「ここ(여기), そこ(거기), あそこ(저기), どこ(어디)」는 장소를 나타낸다.

① ここ(여기)　➡ 말하는 사람에게 가까운 장소를 가리키는 지시대명사
② そこ(거기)　➡ 상대방, 즉 듣는 사람에게 가까운 장소를 가리키는 지시대명사
③ あそこ(저기) ➡ 말하는 사람, 듣는 사람 모두에서 먼 장소를 가리키는 지시대명사
④ どこ(어디)　➡ 어떤 장소를 지정하지 않는 곳, 즉 부정칭을 나타내는 지시대명사

　　ここは免税店です。(여기는 면세점입니다.)
　　そこは市役所です。(거기는 시청입니다.)
　　あそこは博物館です。(저기는 박물관입니다.)
　　免税店はどこですか。(면세점은 어디입니까?)

2 수를 세는 법에 대해서

1	いち	일	一つ	ひとつ	하나
2	に	이	二つ	ふたつ	둘
3	さん	삼	三つ	みっつ	셋
4	よん・し	사	四つ	よっつ	넷
5	ご	오	五つ	いつつ	다섯
6	ろく	육	六つ	むっつ	여섯
7	しち・なな	칠	七つ	七つ	일곱
8	はち	팔	八つ	やっつ	여덟
9	きゅう・く	구	九つ	ここのつ	아홉
10	じゅう	십	十	とお	열
11	じゅういち	십일	十一	じゅういち	열하나

3 「~しか~ない」에 대해서

「しか」는 항상 부정의 말 「ない, ありません」과 같이 사용하여 「~밖에 ~없다」라는 한정을 나타낸다.

お金は3千円しかありません。(돈은 3천 엔밖에 없습니다.)

お金は3千円しかない。(돈은 3천 엔밖에 없다)

4 「いくつ(몇 개)」

「いくつ」는 수를 물어볼 때 사용하는 말이다.

部屋はいくつありますか。(방은 몇 개 있습니까?)

机はいくつありますか。(책상은 몇 개 있습니까?)

5 기계류를 셀 때에는 「台(だい)」를 사용한다.

1台	いちだい	한 대
2台	にだい	두 대
3台	さんだい	세 대
4台	よんだい	네 대
5台	ごだい	다섯 대
6台	ろくだい	여섯 대
7台	しちだい・ななだい	일곱 대
8台	はちだい	여덟 대
9台	きゅうだい	아홉 대
10台	じゅうだい	열 대
何台	なんだい	몇 대

문형 응용연습

1

| ここ
そこ
あそこ | は | 市役所（しやくしょ）
免税店
駅（えき） | です。 |

| 여기
거기
저기 | 는 | 시청
면세점
역 | 입니다. |

2

| コンピューター
車 | は何台（なんだい）ありますか。 | | 컴퓨터
자동차 | 는 몇 대 있습니까? |

3

| コンピューター
車 | は | 一台
二台 | しかありません。 |

| 컴퓨터
자동차 | 는 | 한 대
두 대 | 밖에 없습니다. |

4

| 机（つくえ）
椅子（いす）
はんこ | はいくつありますか。 | | 책상
의자
도장 | 은 몇 개 있습니까? |

☀ 길고 가는 물건을 셀 때의 읽는 법 ☀

연필, 우산, 백묵 등은 「本(ほん), 자루」을 사용한다.

1本	いっぽん	한 자루
2本	にほん	두 자루
3本	さんぼん	세 자루
4本	よんほん	네 자루
5本	ごほん	다섯 자루
6本	ろっぽん	여섯 자루
7本	ななほん	일곱 자루
8本	はっぽん	여덟 자루
9本	きゅうほん	아홉 자루
10本	じゅっぽん	열 자루
何本	なんぼん	몇 자루

いらっしゃいませ。(어서 오십시오)

何をおさがしですか。(무엇을 찾으십니까?)

時計（とけい） 財布（さいふ） 帽子（ぼうし）	がほしいですが。	시계 지갑 모자	가 필요합니다만.

ご自由（じゆう）にごらんください。(편하게 보십시오)

もっと安いもの もっと新しいもの もっと大きいもの ほかのサイズ ほかの色	はありませんか。	좀더 싼 것 좀더 새것 좀더 큰 것 다른 크기 다른 색	은 없습니까?

これ	はいて 着て 食べて かぶって	みてもいいですか。	이것	입어 입어 먹어 써	봐도 됩니까?

tip

※ はく(입다) : 발로 입을 때 사용한다. (양말, 구두, 바지, 스커트 등)

※ 着る(입다) : 팔로 입을 때 사용한다. (양복, 와이셔츠, 기모노 등)

※ かぶる(쓴다) : 모자를 쓸 때 사용한다.

※ 보조동사

보조동사란 동사가 갖고 있는 원래의 의미가 약해지거나 그 의미가 완전히 없어져버려 다른 동사의 보조어로 사용되는 동사를 말한다.
보조동사는 항상 「동사의연용형+て(で)」의 형으로 사용된다. 또한 보조동사는 한자로 쓰지 않고 仮名로 사용하는 것이 일반적이다.

예 見る(みる) : 보다(눈으로)
少し食べて<u>みる</u>。(조금 먹어 보다.)
手紙を日本語で書いて<u>みる</u>。(편지를 일본어로 써본다.)
ゆっくり考えて<u>みる</u>。(천천히 생각해보다.)

원래 동사 「見る」는 눈으로 사물을 「보다」의 뜻이지만 위의 예문의 「みる」는 「눈으로 보다」라는 의미는 없고 「시험해보다」의 뜻으로 사용되었다.

| 上着（うわぎ）
あの帽子（ぼうし）
あそこにかかっているの
ほかの物（もの） | を見せてください。 | 상의
저 모자
저 곳에 걸려있는 것
다른 물건 | 을 보여주세요. |

| これは | 韓国の製品（かんこく せいひん）
舶来品（はくらいひん） | です。 | 이것은 | 한국제품
외래품 | 입니다. |

| 少し | まけて
勉強して（べんきょう） | ください。 |

(조금 깎아 주세요.)

| これを | きれいに
別々に（べつべつ） | 包んでください。（つつ） | 이것을 | 예쁘게
따로따로 | 포장해 주세요. |

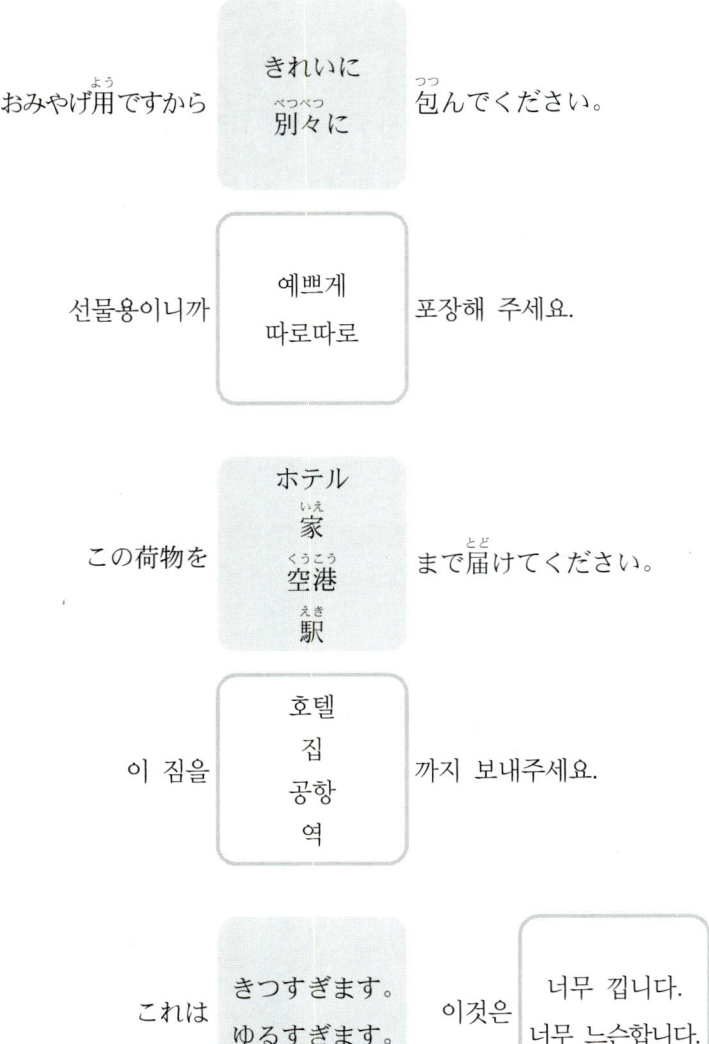

おみやげ用ですから ┃ きれいに / 別々に ┃ 包んでください。

선물용이니까 ┃ 예쁘게 / 따로따로 ┃ 포장해 주세요.

この荷物を ┃ ホテル / 家 / 空港 / 駅 ┃ まで届けてください。

이 짐을 ┃ 호텔 / 집 / 공항 / 역 ┃ 까지 보내주세요.

これは ┃ きつすぎます。 / ゆるすぎます。 ┃ 이것은 ┃ 너무 낍니다. / 너무 느슨합니다. ┃

---

tip

※ 「すぎる」는 형용사의 어간에 붙여서 사용하면 「너무 ~하다」의 뜻이 된다.

暑い(덥다) ➜ 暑すぎる(너무 덥다)

長い(길다) ➜ 長すぎる(너무 길다)

明るい(밝다) ➜ 明るすぎる(너무 밝다)

これは 使いやすい ／ 使いにくい ですね。　이것은 사용하기 쉽 ／ 사용하기 어렵 군요.

tip

※ 「やすい」와 「にくい」는 동사의 연용형에 붙어서 사용되어 「~하기 쉽다」, 「~하기 어렵다」의 뜻으로 사용된다.

入_{はい}る(들어간다) ➡ 入りやすい(들어가기 쉽다) ／ 入りにくい(들어가기 어렵다)

書く(쓴다) ➡ 書きやすい(쓰기 쉽다) ／ 書きにくい(쓰기 어렵다)

これは最近はやっているものです。(이것은 최근에 유행하고 있는 것입니다.)

これは若者に人気があるものです。(이것은 젊은 사람들에게 인기가 있는 것입니다.)

これは 男性用_{だんせいよう} ／ 女性用_{じょせいよう} ／ 男女共用_{だんじょきょうよう} です。　이것은 남성용 ／ 여성용 ／ 남녀공용 입니다.

これは長持_{なが も}ちでじょうぶです。(이것은 오래 쓰고 견고합니다.)

生地_{きじ}が やわらかい ／ あらい です。　옷감이 부드럽습 ／ 거칩 니다.

いろいろおしゃれができます。(여러 가지 멋을 부릴 수 있습니다.)

この服は手洗いができます。(이 옷은 손세탁을 할 수 있습니다.)

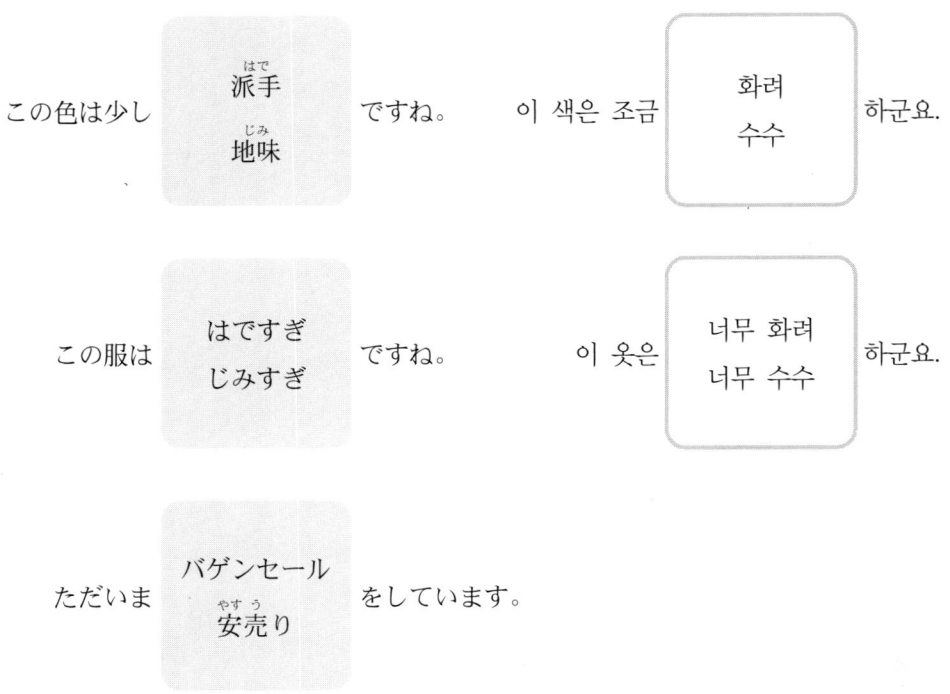

この色は少し 派手 地味 ですね。　　이 색은 조금 화려 수수 하군요.

この服は はですぎ じみすぎ ですね。　　이 옷은 너무 화려 너무 수수 하군요.

ただいま バゲンセール 安売り をしています。

(지금 바겐세일을 하고 있습니다.)

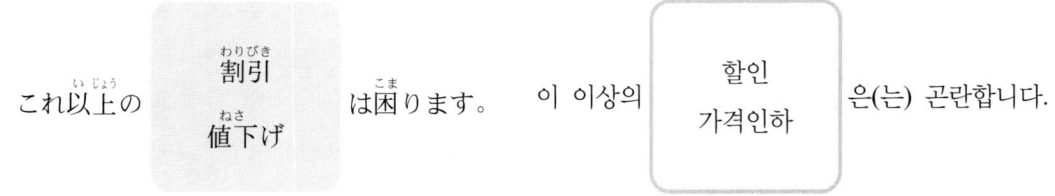

これ以上の 割引 値下げ は困ります。　　이 이상의 할인 가격인하 은(는) 곤란합니다.

税金は別になっています。(세금은 별도입니다.)

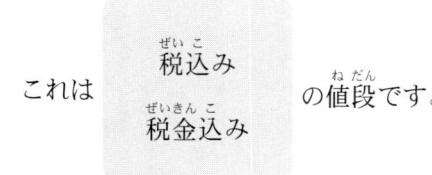

これは 税込み 税金込み の値段です。

(이것은 세금포함 가격입니다.)

Memo

はじめまして。

처음 뵙겠습니다.

 새로 나온 말

- 添乗員(てんじょういん) : 해외여행인솔자
- 海外部(かいがいぶ) : 해외부
- 販売課長(はんばいかちょう) : 판매과장
- 紹介(しょうかい) : 소개

はじめまして。

처음 뵙겠습니다.

山本と申します。

야마모토라고 합니다.

よろしくお願いします。

잘 부탁합니다.

はじめまして。

처음 뵙겠습니다.

李です。

李입니다.

こちらこそ、よろしくお願いします。

저야말로 잘 부탁합니다.

わたしは三井観光の木村です。

나는 미츠이관광의 키무라입니다.

わたしは海外部の中村です。

나는 해외부의 나카무라입니다.

うちの販売課長を紹介します。

우리 판매과장을 소개하겠습니다.

販売課長の吉田です。

판매과장인 요시다입니다.

どうぞよろしくお願い致します。

잘 부탁하겠습니다.

こちらは添乗員の山田です。

이분은 해외여행인솔자인 야마다입니다.

こちらは関西観光の三木さんです。

이분은 간사이관광의 미키 씨입니다.

1 「はじめまして。」(처음 뵙겠습니다)

이 인사말은 처음 만났을 때 사용하며, 남녀노소 누구나 사용할 수 있다.

2 「~と申します」(라고 합니다)

이 말은 자신의 이름을 소개할 때, 이름에 붙여서 사용한다. 이때 자신의 이름 다음에 「さん(씨)」을 붙여서 사용할 수 없다. 「さん(씨)」은 상대방의 이름에서만 사용한다.

私は山本と申します。(나는 야마모토라고 합니다.)

3 「よろしくお願いします。」(잘 부탁합니다)

이 표현은 상대방이 하는 형식적인 인사말로 이 표현 외에도 다음과 같은 표현을 사용할 수 있다.

どうぞよろしく、

どうぞよろしくお願い致します。

4 「うちの販売課長を紹介します。」(우리 판매과장을 소개하겠습니다.)

이 문에서 「うち」는 자기의 동료, 조직, 단체 등의 「우리」를 나타내는 말이다.

<u>うち</u>の会社 (우리 회사)

5 동격의 의미를 나타내는 조사 「の」에 대해서

이 경우 조사 「の」는 「~인」으로 해석하며, 「の」의 앞에 사람과 뒤의 사람이 같은 것임을 나타낸다.

長男<u>の</u>太郎が来ました。(장남인 다로우가 왔습니다.)

販売課長<u>の</u>吉田です。(판매과장인 요시다입니다.)

6 「こちらは添乗員の三木です。」(이분은 해외여행인솔자인 미키입니다.)

이 문에서 「こちら」는 원래 방향을 나타내는 말이나 사람을 가리킬 때에는 「이분」으로 해석한다.

7 접미어 「さん」에 대해서

「さん」은 접미어로 우리말의 「씨, 선생」에 해당하는 말로 상대방의 이름에만 붙여서 사용하고, 자신의 이름에는 사용할 수 없다.

あの人が田中<u>さん</u>です。(저 사람이 다나카 씨입니다.)

中村<u>さん</u>は会社員ですか。(나카무라 씨는 회사원입니까?)

私は三木<u>さん</u>です。(×)

1

山田_{やまだ}
中村_{なかむら}
田中_{たなか}
と申します。

야마다
나카무라
다나카
라고 합니다.

2

私は
木村_{きむら}
吉田_{よしだ}
三木_{みき}
です。

저는
키무라
요시다
미키
입니다.

3

添乗員
課長
部長
の
中村_{なかむら}
木村_{きむら}
吉田_{よしだ}
です。

해외여행인솔자
과장
부장
인
나카무라
키무라
요시다
입니다.

4

日本空港_{にほんくうこう}
西日本観光_{にしにほん}
大阪貿易_{おおさかぼうえき}
の
山田_{やまだ}
三木_{みき}
坂本_{さかもと}
です。

일본항공
서일본관광
오사카무역
의
야마다
미키
사카모또
입니다.

✿ 이름 太郎(たろう)에 대해서 ✿

　일본인의 이름 중에서 太郎(たろう)이라는 이름이 종종 사용되고 있는데 이 이름은 남자에게만 붙여지는 이름으로 장남에게만 사용된다. 참고로 차남에게는 次郎(じろう), 3남에게는 三郎(さぶろう), 4남에게는 四郎(しろう), 5남에게는 五郎(ごろう)가 붙여져 사용된다.

예 田中 太郎
　　田中 次郎
　　田中 三郎
　　田中 四郎
　　田中 五郎

観光客は何人いますか。

かんこうきゃく　なんにん

관광객은 몇 명 있습니까?

 새로 나온 말

- お父さん(おとうさん) : 아버지, 아버님
- 母(はは) : 어머니
- 多い(おおい) : 많다
- 仕事(しごと) : 일
- 父(ちち) : 아버지

- 兄(あに) : 형
- お兄さん(おにいさん) : 형, 형님
- 外国人(がいこくじん) : 외국인
- お客さん(おきゃくさん) : 손님

お父さんは何の仕事をしていますか。

아버지는 무슨 일을 하고 있습니까?

父はホテルにつとめています。

아버지는 호텔에 근무하고 있습니다.

お兄さんは何の仕事をしていますか。

형님은 무슨 일을 하고 있습니까?

兄は添乗員です。

형은 해외여행인솔자입니다.

観光客は何人いますか。

관광객은 몇 명 있습니까?

約20人います。

약 20명 있습니다.

お客さんは何人いますか。

손님은 몇 명 있습니까?

一人、二人、三人、四人、四人います。

한 사람, 두 사람, 세 사람, 네 사람, 네 사람 있습니다.

男の人は何人いますか。

남자는 몇 명 있습니까?

男の人は多いです。

남자는 많습니다.

15人もいます。

15명이나 있습니다.

外国人はいませんか。

외국인은 없습니까?

いいえ、います。

아니오, 있습니다.

日本人が3人います。

일본인이 3명 있습니다.

1 가족의 호칭법에 대해서

일본어에서는 자기 가족을 남에게 말할 때의 표현과 상대방의 가족을 말할 때의 표현이 다르다. 예를 들어서 상대방의 어머니를 말할 때는 「お母さん(おかあさん)」이라 하고, 자기의 어머니를 남에게 말할 때에는 「母(はは)」라고 한다.

	자기 가족을 남에게 말할 때의 호칭법	남의 가족을 말할 때의 호칭법	자기 식구끼리의 호칭법
아버지	父(ちち)	お父さん(おとうさん)	お父さん(おとうさん) 父さん(とうさん)
어머니	母(はは)	お母さん(おかあさん)	お母さん(おかあさん) 母さん(かあさん)
누나(누님)	姉(あね)	お姉さん(おねえさん)	お姉さん(おねえさん) 姉さん(ねえさん)
형(형님)	兄(あに)	お兄さん(おにいさん)	お兄さん(おにいさん) 兄さん(にいさん)
남동생	弟(おとうと)	弟さん(おとうとさん)	이름을 부른다
여동생	妹(いもうと)	妹さん(いもうとさん)	이름을 부른다

2 조사 「を」의 용법에 대해서

조사 「を」는 목적을 나타내는 말로, 「을, 를」로 해석한다.

水を飲む。(물을 마신다.)

ご飯を食べる。(밥을 먹는다.)

3 사람 세는 법에 대해서

1人	ひとり	한 사람
2人	ふたり	두 사람
3人	さんにん	세 사람
4人	よにん	네 사람
5人	ごにん	다섯 사람
6人	ろくにん	여섯 사람
7人	しちにん・ななにん	일곱 사람
8人	はちにん	여덟 사람
9人	きゅうにん	아홉 사람
10人	じゅうにん	열 사람
11人	じゅういちにん	열한 사람
何人	なんにん	몇 사람

4 父はホテルにつとめています。(아버지는 호텔에 근무하고 있습니다.)

이 문에서 동사 「つとめる(근무하다)」는 반드시 조사 「に」를 수반한다.

5 15人もいます。(15명이나 있습니다.)

이 문의 조사 「も」는 많음을 나타내는 의미로써 「~나」로 해석한다.

6 男の人(おとこのひと)

한자 「男」은 「おとこ」로 읽지만 남자를 표현할 때는 「男の人(おとこのひと)」를 사용한다. 특히 한자 「女」는 「여자」의 뜻으로 「おんな」로 읽지만 「女の人(おんなのひと)」를 사용한다. 「女(おんな)」만을 사용할 경우에는 여자를 아주 천하게 표현하는 의미를 갖고 있기 때문에 반드시 「女の人」를 사용해야 한다.

1.

私の | 父（ちち）／母（はは）／兄（あに） | は | 市役所（しやくしょ）／旅行社（りょこうしゃ）／免税店 | につとめています。

나의 | 아버지／어머니／형 | 은(는) | 시청／여행사／면세점 | 에 근무하고 있습니다.

2.

私の | 父（ちち）／母（はは）／兄（あに） | は | 公務員（こうむいん）／会社員（かいしゃいん）／日本語の教師（きょうし） | です。

나의 | 아버지／어머니／형 | 은(는) | 공무원／회사원／일본어교사 | 입니다.

3.

見物人（けんぶつにん）／お客さん（きゃく）／観光客 | は何人いますか。

구경꾼／손님／관광객 | 은 몇 명 있습니까?

4

日本人	は	10人 じゅうにん	もいます。
韓国人		20人 にじゅうにん	
中国人		30人 さんじゅうにん	

일본인	은(는)	10명	이나 있습니다.
한국인		20명	
중국인		30명	

식당에서의 표현

<ruby>何人様<rt>なんにんさま</rt></ruby>ですか。

<ruby>何名様<rt>なんめい</rt></ruby>ですか。

何名様でございますか。

(몇 분이십니까?)

お<ruby>一人様<rt>ひと り</rt></ruby>ですか。(한 분이십니까?)

お<ruby>二人様<rt>ふた り</rt></ruby>ですか。(두 분이십니까?)

お<ruby>三人様<rt>さんにん</rt></ruby>ですか。(세 분이십니까?)

お一人様		한 분	
お二人様	でいらっしゃいますか。	두 분	이십니까?
お三人様		세 분	

メニューを見せてください。(메뉴를 보여주세요)

おすすめのメニューは何ですか。(추천하시는 메뉴는 무엇입니까?)

今日のお<ruby>勧<rt>すす</rt></ruby>めの | メニュー / スープ | は何ですか。 오늘의 추천하신 | 메뉴 / 스프 | 는 무엇입니까?

何_{なに}になさいますか。(무엇으로 하시겠습니까?)

私は
定食_{ていしょく}
ビール
コーヒー
にします。

나는
정식
맥주
커피
로 하겠습니다.

スープ
お飲み物_{のみもの}
は何になさいますか。

스프
음료수
는 무엇으로 하시겠습니까?

クリームスープ
ビール
生ビール_{なま}
コーヒー
でお願い_{ねが}します。

크림스프
맥주
생맥주
커피
로 부탁합니다.

この
コーヒー
ビール
はなまぬるいですね。

이
커피
맥주
는 미지근하군요.

熱い_{あつ}
冷たい_{つめ}
のと取り替え_{とか}てください。

뜨거운
차가운
것과 바꾸어 주세요.

tip

暑い(あつい) : (날씨가) 덥다 ↔ 寒い(さむい) 춥다
熱い(あつい) : (물건이) 뜨겁다 ↔ 冷たい(つめたい) 차갑다
厚い(あつい) : (책등이) 두껍다 ↔ 薄い(うすい) 얇다

ステーキの焼<ruby>き方<rt>や かた</rt></ruby>はどういたしましょうか。

(스테이크의 굽는 정도는 어떻게 해드릴까요?)

ミディアム
レア   にしてください。
ウェルダン

미디엄
레어   으로 해주세요.
웰던

何をお<ruby>召<rt>め</rt></ruby>しあがりになりますか。(무엇을 드시겠습니까?)

ご注文なさいますか。(주문하시겠습니까?)

ご注文くださいましてありがとうございます。(주문해 주셔서 감사합니다.)

ご注文は以上でよろしいですか。(주문은 이상으로 괜찮겠습니까?)

こちらのお席でよろしいですか。(이쪽의 자리로 괜찮겠습니까?)

お<ruby>持<rt>も</rt></ruby>ち<ruby>帰<rt>かえ</rt></ruby>りですか。(갖고 가시겠습니까?)

<ruby>何時<rt>なんじ</rt></ruby>から<ruby>営業<rt>えいぎょう</rt></ruby>していますか。(몇 시부터 영업합니까?)

<ruby>和食<rt>わ しょく</rt></ruby>ははじめてですか。(일식은 처음입니까?)

あれと<ruby>同<rt>おな</rt></ruby>じものをください。(저것과 같은 것을 주세요.)

<ruby>食<rt></rt></ruby>べ方を教えてください。(먹는 법을 가르쳐주세요.)

お<ruby>口<rt>くち</rt></ruby>に<ruby>合<rt>あ</rt></ruby>いますか。(입에 맞습니까?)

とてもおいしいですね。(매우 맛있군요.)

ただいま お水とメニューをお持ちいたします。(곧 물과 메뉴를 갖다드리겠습니다.)

食券をお求めください。(식권을 구입해주세요.)

お皿を取り替えてください。(접시를 바꾸어주세요.)

私は食が細いです。(나는 소식합니다.)

私が
おごります。
ごちそうします。

(제가 한 턱 내겠습니다.)

お飲み物はいかがですか。(음료수는 어떻습니까?)

サービス料は含まれています。(서비스료는 포함되어 있습니다.)

お勘定をお願いします。(계산을 부탁합니다.)

ごちそうさまでした。(잘 먹었습니다.)

領収書をください。(영수증을 주세요.)

仕事は何時に始まりますか。

일은 몇 시에 시작됩니까?

새로 나온 말

- 始まる(はじまる) : 시작되다
- 午後(ごご) : 오후
- 昼休み(ひるやすみ) : 점심시간
- 終わる(おわる) : 끝나다
- まっすぐ : 곧장, 바로
- 帰る(かえる) : 돌아가(오)다
- 習う(ならう) : 배우다
- 午前(ごぜん) : 오전
- 会議(かいぎ) : 회의
- お八つ(おやつ) : (오후의)간식시간
- 家(いえ) : 집
- 最近(さいきん) : 최근
- 夜(よる) : 밤

仕事は何時に始まりますか。

일은 몇 시에 시작됩니까?

午前9時に始まります。

오전 9시에 시작됩니다.

今日の会議は何時からですか。

오늘의 회의는 몇 시부터입니까?

午前11時からです。

오전 11시부터입니다.

昼休みは何時から何時までですか。

점심시간은 몇 시부터 몇 시까지입니까?

昼休みは12時から午後1時までです。

점심시간은 12시부터 오후 1시까지입니다.

お八つは何時からですか。

간식시간은 몇 시부터입니까?

お八つは午後3時からです。

간식시간은 오후 3시부터입니다.

仕事は何時に終りますか。

일은 몇 시에 끝납니까?

午後6時に終わります。

오후 6시에 끝납니다.

仕事が終わって、まっすぐ家に帰りますか。

일이 끝나서 곧장 집에 돌아갑니까?

いいえ、最近は日本語を習っているから夜10時頃家に帰ります。

아니오, 최근에는 일본어를 배우고 있기 때문에 밤 10시경에 집에 돌아갑니다.

문법과 어구설명

1 자동사와 타동사에 대해서

① 자동사란?

어떤 동작이나 작용이 자발적으로 행하여지는 것으로, 조사 「が(이, 가)」를 수반한다.

② 타동사란?

어떤 동작이나 작용이 자신이 아닌 다른 사물에 영향을 미치는 것으로, 항상 목적어를 수반하여, 조사 「を(을, 를)」를 수반한다.

자동사	타동사
仕事が始まる。(일이 시작되다)	仕事を始める。(일을 시작하다)
人が集まる。(사람이 모이다)	人を集める。(사람을 모으다)
車が動く。(자동차가 움직이다)	車がを動かす。(자동차를 움직이게 하다)

2 시간 읽는 법에 대해서

1時	いちじ	한 시
2時	にじ	두 시
3時	さんじ	세 시
4時	よじ	네 시
5時	ごじ	다섯 시
6時	ろくじ	여섯 시
7時	しちじ·ななじ	일곱 시
8時	はちじ	여덟 시
9時	くじ	아홉 시
10時	じゅうじ	열 시
何時	なんじ	몇 시

3 「～から～まで」 문형에 대해서

이 문형은 장소와 시간의 한정을 나타낼 때 사용하며, 「～부터(에서) ～까지」의 뜻을 나타낸다.

会議は10時から11時までです。(회의는 10시부터 11시까지입니다.)

東京から大阪まで何キロですか。(동경부터 오사카까지 몇 킬로미터입니까?)

4 기점을 나타내는 조사 「から」에 대해서

조사 「から」는 시간과 장소의 기점, 즉 출발점을 나타낸다.(~부터, ~에서)

仕事は午前9時からです。(일은 오전 9시부터입니다.)

大阪から来ました。(오사카에서 왔습니다.)

5 午後6時に終わります。(오후 6시에 끝납니다.)

이 문에서 조사 「に」는 시간을 나타낼 때 사용하며 시간 외에도 요일, 시대를 나타내는 말에 사용된다.(~에)

明治時代に生まれた。(명치시대에 태어났다.)

日曜日に行きます。(일요일에 갑니다.)

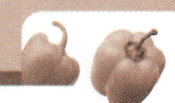

문형 응용연습

1

仕事 会議 講義(こうぎ)	は何時(なんじ)に	始まります 終わります	か。
일 회의 강의	은(는) 몇 시에	시작됩니 끝납니	까?

2

仕事 会議 試験(しけん)	は何時からですか。	일 회의 시험	은(는) 몇 시부터 입니까?

3

会議 仕事 昼休み(ひるやすみ)	は	午後1時(ごごいちじ) 午前9時(ごぜんくじ) 12時(じゅうにじ)	から	午後2時(ごごにじ) 午後6時(ごごろくじ) 午後1時(ごごいちじ)	までです。
회의 일 점심시간	은(는)	오후 1시 오전 9시 12시	부터	오후 2시 오후 6시 오후 1시	까지 입니다.

4

会議
仕事
勉強

が終わって、まっすぐ家に帰りますか。

회의
일
공부

가 끝나서, 곧장 집에 돌아갑니까?

出発日はいつですか。
しゅっぱつ び

출발일은 언제입니까?

 새로 나온 말

- 出発日(しゅっぱつび)：출발일
- いつ：언제
- 毎月(まいつき)：매달

- きのう：어제
- おととい：그저께
- 何曜日(なんようび)：무슨 요일

今日は何月何日ですか。
なんがつなんにち

오늘은 몇 월 며칠입니까?

今日は4月7日です。
しがつなの か

오늘은 4월 7일입니다.

きのうは何月何日でしたか。

어제는 몇 월 며칠이었습니까?

きのうは4月6日でした。
むい か

어제는 4월 6일이었습니다.

おとといは何月何日でしたか。

그저께는 몇 월 며칠이었습니까?

おとといは4月5日でした。

그저께는 4월 5일이었습니다.

出発日はいつですか。

출발일은 언제입니까?

出発日は毎月10日と20日です。

출발일은 매월 10일과 20일입니다.

今日は何曜日ですか。

오늘은 무슨 요일입니까?

今日は月曜日です。

오늘은 월요일입니다.

きのうは何曜日でしたか。

어제는 무슨 요일이었습니까?

きのうは日曜日でした。

어제는 일요일이었습니다.

おとといは何曜日でしたか。

그저께는 무슨 요일이었습니까?

おとといは土曜日でした。

그저께는 토요일이었습니다.

今日は9日で、木曜日です。

오늘은 9일로 목요일입니다.

きのうは8日で、水曜日でした。

어제는 8일로 수요일이었습니다.

문법과 어구설명

1 날짜, 요일 읽는 법에 대해서

1日	ついたち	11日	じゅういちにち	21日	にじゅういちにち
2日	ふつか	12日	じゅうににち	22日	にじゅうににち
3日	みっか	13日	じゅうさんにち	23日	にじゅうさんにち
4日	よっか	14日	じゅうよっか	24日	にじゅうよっか
5日	いつか	15日	じゅうごにち	25日	にじゅうごにち
6日	むいか	16日	じゅうろくにち	26日	にじゅうろくにち
7日	なのか・なぬか	17日	じゅうしちにち	27日	にじゅうしちにち
8日	ようか	18日	じゅうはちにち	28日	にじゅうはちにち
9日	ここのか	19日	じゅうくにち	29日	にじゅうくにち
10日	とおか	20日	はつか	30日	さんじゅうにち

月曜日	火曜日	水曜日	木曜日	金曜日	土曜日	日曜日
げつようび	かようび	すいようび	もくようび	きんようび	どようび	にちようび

1月	2月	3月	4月	5月	6月
いちがつ	にがつ	さんがつ	しがつ	ごがつ	ろくがつ
7月	8月	9月	10月	11月	12月
しちがつ	はちがつ	くがつ	じゅうがつ	じゅういちがつ	じゅうにがつ

	昨日	今日	明日	
おととい	きのう	きょう	あす・あした	あさって
그저께	어제	오늘	내일	모레

2 조동사 「です」의 과거형에 대해서

조동사 「です(입니다)」의 과거형은 「でした(이었습니다)」이다.

きのうは日曜日でした。(어제는 일요일이었습니다.)

おとといは5日でした。(그저께는 5일이었습니다.)

 **문형 응용연습**

1. 今日 / あした　は何月何日ですか。 ｜ 오늘 / 내일　은 몇 월 며칠입니까?

2. きのう / おととい　は何月何日でしたか。 ｜ 어제 / 그저께　은 몇 월 며칠이었습니까?

3. 給料日_{きゅうりょうび} / 締切日_{しめきりび} / 出発日_{しゅっぱつび}　はいつですか。 ｜ 월급날 / 마감일 / 출발일　은 언제입니까?

4. 今日 / あした　は何曜日ですか。 ｜ 오늘 / 내일　은 무슨 요일입니까?

5. きのう / おととい　は何曜日でしたか。 ｜ 어제 / 그저께　은 무슨 요일이었습니까?

6

| 今日
あした | は | よっか
4日
いつか
5日 | で、 | もくようび
木曜日
きんようび
金曜日 | です。 |

| 오늘
내일 | 은 | 4일
5일 | 로, | 목요일
금요일 | 입니다. |

7

| きのう
おととい | は | 3日
2日 | で、 | すいようび
水曜日
かようび
火曜日 | でした。 |

| 어제
그저께 | 은(는) | 3일
2일 | 로, | 수요일
화요일 | 이었습니다. |

Memo

あなたは<ruby>東京<rt>とうきょう</rt></ruby>へ<ruby>行<rt>い</rt></ruby>ったことがありますか。

당신은 동경에 간 적이 있습니까?

 새로 나온 말

- 少し(すこし) : 조금
- 漢字(かんじ) : 한자
- 読み方(よみかた) : 읽는 법
- 領事館(りょうじかん) : 영사관
- 卒業(そつぎょう) : 졸업
- 特に(とくに) : 특히
- まともに : 제대로
- むずかしい : 어렵다
- 大学(だいがく) : 대학
- 就職(しゅうしょく) : 취직

あなたは<ruby>日本語<rt>にほんご</rt></ruby>ができますか。

당신은 일본어를 할 수 있습니까?

はい、<ruby>少<rt>すこ</rt></ruby>しできます。

예, 조금 할 수 있습니다.

あなたは日本語の<ruby>本<rt>ほん</rt></ruby>が<ruby>読<rt>よ</rt></ruby>めますか。

당신은 일본어책을 읽을 수 있습니까?

いいえ、まだまともに読めません。

아니오, 아직 제대로 읽을 수 없습니다.

特<ruby>特<rt>とく</rt></ruby>に<ruby>漢字<rt>かんじ</rt></ruby>の<ruby>読<rt>よ</rt></ruby>み<ruby>方<rt>かた</rt></ruby>がむずかしいです。

특히 한자의 읽는 법이 어렵습니다.

<ruby>日本語<rt></rt></ruby>はどこで<ruby>習<rt>なら</rt></ruby>いましたか。

일본어는 어디에서 배웠습니까?

<ruby>領事館<rt>りょうじかん</rt></ruby>で<ruby>習<rt></rt></ruby>いました。

영사관에서 배웠습니다.

あなたは<ruby>東京<rt></rt></ruby>へ<ruby>行<rt></rt></ruby>ったことがありますか。

당신은 동경에 간 적이 있습니까?

はい、<ruby>一度<rt>いちど</rt></ruby>行ったことがあります。

예, 한 번 간 적이 있습니다.

<ruby>大学<rt>だいがく</rt></ruby>を<ruby>卒業<rt>そつぎょう</rt></ruby>してからなにをするつもりですか。

대학을 졸업하고 나서 무엇을 할 예정입니까?

ホテルに<ruby>就職<rt>しゅうしょく</rt></ruby>するつもりです。

호텔에 취직을 할 예정입니다.

문법과 어구설명

1 가능동사에 대해서

가능동사는 「~을 할 수 있다」라는 의미의 동사로, 5단 활용동사만이 만들 수 있다. 가능동사
는 5단 활용동사의 활용어미가 하1단(え단)으로 바뀌면서 하1단 활용동사가 된다. 가능동사 앞
에 오는 조사 「が」는 「을, 를」의 뜻을 나타낸다.

行く(가다)　➡　行ける(갈 수 있다)

飲む(마시다)　➡　飲める(마실 수 있다)

会う(만나다)　➡　会える(만날 수 있다)

乗る(타다)　➡　乗れる(탈 수 있다)

단, 「する(하다)」의 가능형은 「できる(할 수 있다)」이다.

2 장소를 나타내는 조사 「で」에 대해서

조사 「で」는 「~에서」라는 장소를 나타낼 때 사용한다. 이 경우 조사 「で」는 비교적 넓은 장
소에서 움직이는 의미를 나타낸다. 반면에 장소를 나타내는 조사 「に」는 움직이지 않는 즉, 고
정된 의미를 나타낸다.

学校で習いました。(학교에서 배웠습니다.)

庭で遊びました。(정원에서 놀았습니다.)

犬小屋は庭にあります。(개집은 마당(정원)에 있습니다.)

3 「～た+ことがある」 문형에 대해서

이 문형은 과거의 경험을 나타낼 때 사용하며, 「~한 적이 있다」의 뜻이다.

　　日本語を習っ<u>たことがある</u>。(일본어를 배운 적이 있다.)
　　日本へ行っ<u>たことがある</u>。(일본에 간 적이 있다.)

이 문형의 부정표현은 「～た+ことがない」로 「~한 적이 없다」이다.

　　日本語を習っ<u>たことがない</u>。(일본어를 배운 적이 없다.)
　　日本へ行っ<u>たことがない</u>。(일본에 간 적이 없다.)

1

あなたは
日本語
英語
韓国語
ができますか。

당신은
일본어
영어
한국어
를 할 수 있습니까?

2

あなたは
日本語の本
英語の本
韓国語の本
が読めますか。

당신은
일본어책
영어책
한국어책
을 읽을 수 있습니까?

3

日本語
英語
韓国語
はどこで習いましたか。

일본어
영어
한국어
는 어디에서 배웠습니까?

学校
会社
家
で習いました。

학교
회사
집
에서 배웠습니다.

④

日本語で手紙を書い
日本の小説を読ん
その映画を見

た(だ)ことがある。

일본어로 편지를 쓴
일본소설을 읽은
그 영화를 본

적이 있다.

⑤

大学を卒業し
会議が終わっ
ご飯を食べ

てから、何をするつもりですか。

대학을 졸업하
회의가 끝나
밥을 먹

고 나서, 무엇을 할 예정입니까?

지하철, 택시, 버스 탈 때의 표현

バス乗り場
タクシー乗り場
地下鉄の駅
次の駅

はどこですか。

버스승강장
택시승강장
지하철역
다음 역

은 어디입니까?

観光案内所はどこですか。(관광안내소는 어디입니까?)

観光案内所
切符売り場

を教えてください。

관광안내소
매표소

를 가르쳐주세요.

切符
入場券

はどこで買うんですか。

표
입장권

은(는) 어디에서 삽니까?

入口

出口

はどこですか。

입구
출구

는 어디입니까?

空港行き（くうこうゆき）
東京駅行き（とうきょうえきゆき）
の
バス
電車
はあちらから出発いたします。

공항행
동경역행
버스
전철
은(는) 저쪽에서 출발합니다.

すみませんが、最寄り（もより）の
バス停（てい）
地下鉄の駅（ちかてつえき）
はどこですか。

실례합니다만, 가장 가까운
버스정류장
지하철역
은 어디입니까?

空港行き（くうこうゆき）
大阪行き（おおさかゆき）
のバスはどこで乗りますか。
공항행
오사카행
버스는 어디에서 탑니까?

池袋（いけぶくろ）
新宿（しんじゅく）
には何番（なんばん）バスが行きますか。
이케부쿠로
신쥬쿠
에는 몇 번 버스가 갑니까?

バスの料金はいくらですか。(버스요금은 얼마입니까?)

切符をなくしてしまいました。(표를 잃어버렸습니다.)

携帯電話をなくしました。(휴대전화를 분실했습니다.)

かばんをタクシーに置き忘れました。(가방을 택시에 두고 내렸습니다.)

東京駅まで行ってください。(동경역까지 갑시다.)

東京駅までお願いします。(동경역까지 부탁합니다.)

tip

※ 우리말에서「동경역까지 갑시다」의 일본어 표현은「東京駅まで行きましょう」를 使用하지 않고,「東京駅まで行ってください」또는「東京駅までお願いします」를 使用하는 점에 주의해야한다.

| 東京駅
博物館
大谷ホテル | にはどうやって行けばいいですか。 |

| 동경역
박물관
오오타니호텔 | 에는 어떻게 가면 됩니까? |

| 東京駅
池袋
新宿 | で降ろしてください。 |

| 동경역
이케부쿠로
신주쿠 | 에서 내려주세요. |

この ［ バス / 電車 ］ は何分おきに出ますか。

이 ［ 버스 / 전철 ］ 은(는) 몇 분마다(걸러) 출발합니까?

［ 空港 / 新宿 / 大阪 ］ 行きは何番ホームですか。

［ 공항 / 신쥬쿠 / 오사카 ］ 행은 몇 번 홈입니까?

この ［ バス / 電車 ］ は ［ 上野 / 原宿 ］ にとまりますか。

이 ［ 버스 / 전철 ］ 은(는) ［ 우에노 / 하라주쿠 ］ 에 섭니까?

［ 駅 / 家 ］ から ［ ホテル / 空港 ］ まで ［ 遠い / 近い ］ ですか。

［ 역 / 집 ］ 에서 ［ 호텔 / 공항 ］ 까지 ［ 멉 / 가깝습 ］ 니까?

いいえ、それほど 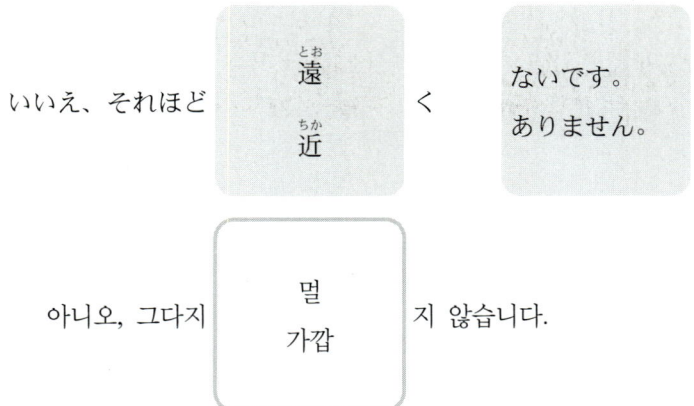 ないです。
ありません。

아니오, 그다지 멀 / 가깝 지 않습니다.

tip

※ 「~から~まで」문형은 시간과 장소의 한정을 나타낼 때 사용하며, 「~에서 ~까지」의 뜻을 나타낸다.

空港<u>から</u>ホテル<u>まで</u>バスで何分ぐらいかかりますか。 (공항에서 호텔까지 버스로 몇 분정도 걸립니까?)
会議は9時<u>から</u>10時<u>まで</u>です。 (회의는 9시부터 10시까지입니다.)

乗車券（じょうしゃけん）を拝見（はいけん）いたします。

(승차권을 보여주세요.)

どこで乗りかえますか。

(어디에서 갈아탑니까?)

まっすぐ行ってください。

(곧장 가세요.)

もしもし、東京ホテルの木村（きむら）と申しますが、金部長いらっしゃいますか。

(여보세요, 동경호텔의 키무라입니다만, 김 부장님 계십니까?)

少々お待ちください。すぐおつなぎいたします。

(잠시만 기다려주십시오. 곧 연결해 드리겠습니다.)

お待たせいたしました。

(많이 기다리셨습니다.)

tip

※ **お待たせいたしました。**
이 표현은 상대방을 기다리게 했을 때 사용한다.

田中様でいらっしゃいますね。(다나카 님이시지요.)

tip

> ※ 田中様でいらっしゃいますね。
>   이 표현은 상대방을 확인하고자 할 때 사용한다.

添乗員の木村さんを知っていますか。

해외여행 인솔자인 키무라 씨를 알고 있습니까?

 새로 나온 말

- 今(いま) : 지금
- 窓(まど) : 창문
- 取引先(とりひきさき) : 거래처
- 食事(しょくじ) : 식사
- 連絡先(れんらくさき) : 연락처

- 電話番号(でんわばんごう) : 전화번호
- 新聞(しんぶん) : 신문
- 電気(でんき) : 전기
- 教える(おしえる) : 가르치다

ガイドさんは今新聞を読んでいます。

가이드는 지금 신문을 읽고 있습니다.

窓があけてあります。

창문이 열려 있습니다.

電気がつけてあります。

전기가 켜 있습니다.

添乗員は今何をしていますか。

해외여행인솔자는 지금 무엇을 하고 있습니까?

取引先の田中部長と食事をしています。

거래처의 다나카 부장님과 식사를 하고 있습니다.

ガイドさんはどこに住んでいますか。

가이드는 어디에 살고 있습니까?

京都に住んでいます。

교토에 살고 있습니다.

添乗員の木村さんを知っていますか。

해외여행인솔자인 기무라 씨를 알고 있습니까?

はい、知っています。

예, 알고 있습니다.

きのうも添乗員に会いました。

어제도 해외여행인솔자를 만났습니다.

添乗員の連絡先を教えてください。

해외여행인솔자의 연락처를 가르쳐 주세요

はい、電話番号を教えます。

예, 전화번호를 알려드리겠습니다.

654の4177です。

654의 4177입니다.

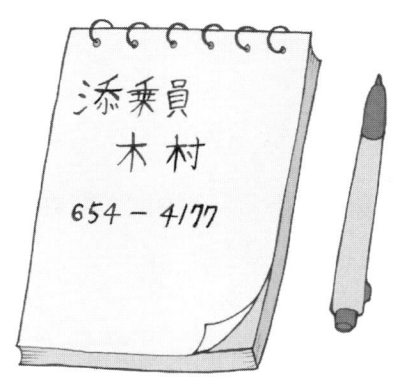

문법과 어구설명

1 「~ている」와 「~てある」에 대해서

① 「~ている」

「~ている」는 「~하고 있다」라는 현재의 진행을 나타내는 의미와, 단순히 눈앞의 사실에 대한 묘사를 나타내는 의미가 있다.

> テレビを見ている。 → [현재진행]
> (텔레비전을 보고 있다.)
> 雑誌を読んでいる。 → [현재진행]
> (잡지를 읽고 있다.)
> 窓があいている。　 → [단순사실묘사]
> (창문이 열려있다.)
> 電気がついている。 → [단순사실묘사]
> (전기가 켜 있다.)

② 「~てある」

「~てある」의 표현을 사용하면, 반드시 누군가에 의해서 그러한 상태로 되어져 있다고 하는 것, 즉 누군가에 의해 의지적으로 행하여 졌다는 것을 나타낸다. 주로 타동사에 사용된다.

> 水が入れてある。(물이 넣어져 있다.)
> ドアが閉めてある。(문이 닫혀 있다.)
> 電気がつけてある。(전기가 켜 있다.)

2 항상 「~ている」의 형으로만 사용되는 동사에 대해서

원래 「~ている」는 「~하고 있다」라는 현재 진행을 나타내는 표현이지만, 다음과 같은 동사는 항상 「~ている」의 형으로만 사용된다.

似る(닮다) : 父に似ている。(아버지를 닮았다.)

すぐれる(우수하다) : 吉田君は芸にすぐれている。(요시다 군은 예능에 뛰어나다.)

知る(알다) : 彼女の名前を知っている。(그녀의 이름을 알고 있다.)

結婚する(결혼하다) : 姉は結婚している。(누나는 결혼했다.)

3 항상 조사 「に」를 수반하는 동사에 대해서

항상 조사 「に」를 수반하는 동사는 조사 「に」가 「을, 를」로 해석된다.

車に乗る。(자동차를 타다.)
友だちに会う。(친구를 만나다.)
母に似ている。(엄마를 닮았다.)
風邪に気をつける。(감기를 조심하다.)

문법 응용연습

①
| 父
ガイドさん
中村さん(なかむら) | は | お酒(さけ)を飲ん
ご飯を食べ
テレビを見 | て(で)います。 |

| 아버지
가이드
나카무라 씨 | 은(는) | 술을 마시
밥을 먹
텔레비전을 보 | 고 있습니다. |

②
| 東京
ソウル
京都 | に住んでいます。 |

| 동경
서울
교토 | 에 살고 있습니다. |

③
| 先生
友だち
先輩(せんぱい) | に会いました。 |

| 선생님
친구
선배(님) | 을(를) 만났습니다. |

④
| あしたは9時まで来
もう一度書い
ゆっくり言っ | てください。 |

| 내일은 9시까지 와
다시 한번 써
천천히 말해 | 주세요. |

Memo

ホテルへ日本人の友だちに会いに行きます。

호텔에 일본인 친구를 만나러 갑니다.

 새로 나온 말

- 多分(たぶん) : 아마
- 専務(せんむ) : 전무
- 取引先(とりひきさき) : 거래처
- おみやげ : 선물, 토산품
- 買物(かいもの) : 쇼핑
- 相談(そうだん) : 상담
- こけし : 일본의 목각인형
- 契約(けいやく) : 계약

部長はどこへいらっしゃいますか。

부장님은 어디에 가십니까?

ホテルへ日本人の友だちに会いに行きます。

호텔에 일본인 친구를 만나러 갑니다.

吉田さんもこの免税店に買物にいらっしゃいますか。

요시다 씨도 이 면세점에 물건 사러 오십니까?

多分吉田さんは来ないと思います。

아마 요시다 씨는 오지 않는다고 생각합니다.

友だちは今どこにいらっしゃいますか。

친구는 지금 어디에 계십니까?

ホテルにいます。

호텔에 있습니다.

社長は今何をなさっていますか。

사장님은 지금 무엇을 하시고 계십니까?

ホテルで取引先の吉田部長と販売相談をしています。

호텔에서 거래처의 요시다 부장과 판매상담을 하고 있습니다.

社長は何とおっしゃいましたか。

사장님은 뭐라고 말씀하셨습니까?

契約してもいいと言いました。

계약해도 좋다고 말했습니다.

これは日本のこけしですね。

이것은 일본의 목각인형이군요.

吉田部長がおみやげで下さいました。

요시다 부장님이 선물로 주셨습니다.

1 목적을 나타내는 조사 「に」의 용법에 대해서

목적을 나타내는 조사 「に」는 「~하러」의 뜻으로 동사의 연용형과 명사에 이어진다. 이때 조사 「に」 다음에 오는 동사는 이동을 나타내는 동사에 한한다.

> **이동을 나타내는 동사의 예**
>
> 行く(いく) : 가다 　　　　　来る(くる) : 오다
>
> 出る(でる) : 나가다 　　　　　出かける(でかける) : 외출하다
>
> 走る(はしる) : 달리다 　　　　降りる(おりる) : 내려오다

① 동사의 연용형에 이어지는 예

本を買い<u>に行きました</u>。(책을 사러 갔습니다.)

ご飯を食べ<u>に来ました</u>。(밥을 먹으러 왔습니다.)

映画を見<u>に出かけました</u>。(영화를 보러 외출했습니다.)

② 명사에 이어지는 예

田中さんが<u>あいさつに</u>来ました。(다나카 씨가 인사하러 왔습니다.)

あしたは<u>買物に</u>行きます。(내일은 물건 사러 갑니다.)

日本文学を<u>研究に</u>行くつもりです。(일본문학을 연구하러 갈 예정입니다.)

2 경의를 나타내는 동사에 대해서

경의를 나타내는 동사에는 「いらっしゃる(가시다, 오시다, 계시다), おっしゃる(말씀하시다), なさる(하시다), 下さる(주시다)」가 있다.

① 「いらっしゃる」➡「行く(가다)」, 「来る(오다)」, 「いる(있다)」의 존경어이다.

先生はいつアメリカへいらっしゃいますか。(선생님은 언제 미국에 가십니까?)

先生はいまどこへいらっしゃいますか。(선생님은 지금 어디에 계십니까?)

先生も今日ここにいらっしゃいますか。(선생님도 오늘 여기에 오십니까?)

② 「おっしゃる」➡「言う(말하다)」의 존경어이다.

先生は何とおっしゃいましたか。(선생님은 뭐라고 말씀하셨습니까?)

③ 「くださる」➡「くれる(주다)」의 존경어이다.

この本は先生が下さいました。(이 책은 선생님이 주셨습니다.)

④ 「なさる」➡「する(하다)」의 존경어이다.

先生は今何をなさっていますか。(선생님은 지금 무엇을 하시고 있습니까?)

3 取引先(とりひきさき) 거래처

한자 「先」은 「さき」로 읽고 「목적지, 장소, 곳」의 의미를 나타낸다.

旅行先(여행지)

連絡先(연락처)

出張先(출장지)

4 契約してもいいと言いました。(계약해도 좋다고 말했습니다.)

① 이 문에서 「~ても」는 동사의 연용형에 이어져 「~해도」라는 허락의 의미를 나타낸다.

② 이 문에서 「と」는 활용어의 기본형에 접속되어 「~라고」의 뜻을 나타낸다.

三木さんも行くと言いました。(미키 씨도 간다고 말했습니다.)

1. おみやげを買い
   友だちに会い
   観光客を迎え
   映画を見
   コーヒーを飲み

   に行きます。

   선물을 사
   친구를 만나
   관광객을 마중하
   영화를 보
   커피를 마시

   러 갑니다.

2. 買物
   取材
   研究
   見学
   あいさつ

   に来ます。

   물건사
   취재하
   연구하
   견학하
   인사하

   러 옵니다.

3. タバコを吸っ
   買物に出かけ
   お酒を飲ん

   ても(でも)いいと言いました。

   담배를 펴
   물건 사러 외출해도
   술을 마셔

   도 좋다고 말했습니다.

④

| 社長
お父さん
先生 | は いつ | 日本
東京
ソウル | へいらっしゃいますか。 |

| 사장(님)
아버님
선생님 | 은 언제 | 일본
동경
서울 | 에 가십니까? |

⑤

社長は今 | 会議室
ホテル
食堂 | にいらっしゃいます。

사장님은 지금 | 회의실
호텔
식당 | 에 계십니다.

⑥

| お客さま
先生
お父さん | もここにいらっしゃいますか。

| 손님
선생님
아버님 | 도 여기에 오십니까?

⑦

| お父さん
お母さん
先生 | は何とおっしゃいましたか。

| 아버님
어머님
선생님 | 은 뭐라고 말씀하셨습니까?

⑧

先生
お父さん　は今何をなさっていますか。
お母さん

선생님
아버님　은 지금 무엇을 하시고 있습니까?
어머님

⑨

社長
これは　部長　がくださいました。
先生

사장님
이것은　부장님　이(가) 주셨습니다.
선생님

❋ **지불 방법의 종류** ❋

前払い(まえばらい) : 선불
後払い(あとばらい) : 후불
現金払い(げんきんばらい) : 현금지불
一括払い(いっかつばらい) : 일괄지불
分割払い(ぶんかつばらい) : 분할지불
延べ払い(のべばらい) : 연체지불

Memo

観光客が多いです。

관광객이 많습니다.

 새로 나온 말

- 安い(やすい) : 싸다
- 辺(へん) : 부근, 근처
- ビル : 빌딩
- 部屋代(へやだい) : 방값
- 重い(おもい) : 무겁다
- 物価(ぶっか) : 물가
- 新しい(あたらしい) : 새롭다
- 多い(おおい) : 많다
- 食事代(しょくじだい) : 식사비
- 広い(ひろい) : 넓다
- せまい : 좁다

このかばんは重いですね。

이 가방은 무겁군요.

観光客が多いです。

관광객이 많습니다.

物価が安いです。

물가가 쌉니다.

あの新しいビルは何ですか。

저 새 건물은 무엇입니까?

あれはホテルです。

저것은 호텔입니다.

ホテルの部屋代は高いですか。

호텔방값은 비쌉니까?

高いのも安いのもあります。

비싼 것도 싼 것도 있습니다.

食事代も高いですか。

식사비도 비쌉니까?

いいえ、そんなに高くありません。

아니오, 그다지 비싸지 않습니다.

安いです。

쌉니다.

部屋は広いですか、せまいですか。

방은 넓습니까? 좁습니까?

部屋は広くもせまくもありません。

방은 넓지도 좁지도 않습니다.

문법과 어구설명

1 형용사에 대해서

형용사는 사물의 성질과 상태를 나타내는 말로, 활용어미가 「い」로 끝난다. 형용사는 말의 성질상 활용형에서 명령형은 없다.

예

高い
(비싸다, 높다)

安い
(싸다)

重い
(무겁다)

多い
(많다)

軽い
(가볍다)

長い
(길다)

大きい
(크다)

少ない
(적다)

広い
(넓다)

速い
(빠르다)

寒い
(춥다)

暑い
(덥다)

2 형용사의 부정형에 대해서

형용사에 부정을 나타내는 말 「ない、ありません」이 올 때는 활용어미 「い」가 「く」로 바뀐다.

安い(싸다) ➡ 安くない。(싸지 않다)

　　　　　　　安くありません。(싸지 않습니다)

大きい(크다) ➡ 大きくない。(크지 않다)

　　　　　　　大きくありません。(크지 않습니다)

重い(무겁다) ➡ 重くない。(무겁지 않다)

　　　　　　　重くありません。(무겁지 않습니다)

暑い(덥다)　➔　暑<u>くない</u>。(덥지 않다)

　　　　　　　　暑<u>くありません</u>。(덥지 않습니다)

1 これは
| 高い |
| 安い |
| 重い |
| 軽い |
です.

이것은
| 비쌉 |
| 쌉 |
| 무겁습 |
| 가볍습 |
니다.

2 あの
| 新しい |
| 古い |
| 白い |
| ビル |
| 箱 |
| 荷物 |
は何ですか.

저
| 새(로운) |
| 헌(낡은) |
| 흰 |
| 건물 |
| 상자 |
| 짐 |
은(는) 무엇입니까?

3
| 新しい |
| 大きい |
| 重い |
のも
| 古い |
| 小さい |
| 軽い |
のもあります.

| 새 |
| 큰 |
| 무거운 |
것도
| 낡은 |
| 작은 |
| 가벼운 |
것도 있습니다.

④

そんなに 安 / 軽 / 広(ひろ) くありません。　　그다지 싸 / 가볍 / 넓 지 않습니다.

⑤

ビル / 荷物 / 部屋代(へや だい) は 大き / 重 / 高 くも 小さ / 軽 / 安 くもありません。

건물 / 짐 / 방값 은(는) 크 / 무겁 / 비싸 지도 작 / 가볍 / 싸 지도 않습니다.

호텔에서의 표현

予約をお願いします。(예약을 부탁합니다.)

予約をしたいんですが。(예약을 하고 싶습니다만)

予約係をお願いします。(예약계를 부탁합니다.)

すみませんが、予約を変更したいんですが。

(미안합니다만, 예약을 변경하고 싶습니다만)

予約をキャンセルしたいんですが。(예약을 캔슬하고 싶습니다만)

こちらのホテルに泊まりたいんですが。(이 호텔에 숙박하고 싶습니다만)

ツインルーム シングルルーム ダブルルーム	を予約したいんですが。	

트윈룸 싱글룸 더블룸	을 예약하고 싶습니다만.

シングルルーム 静かな部屋 海側の部屋 街側の部屋	をお願いします。	

싱글룸 조용한 방 바다쪽 방 시내쪽 방	을 부탁합니다.

tip

※ 한자 「街」와 「町」는 양쪽 모두 「まち」로 읽지만 「街」는 「번화한 거리」를 나타내고, 「町」는 일반적으로
「내가 살고 있는 동네」를 나타낸다.

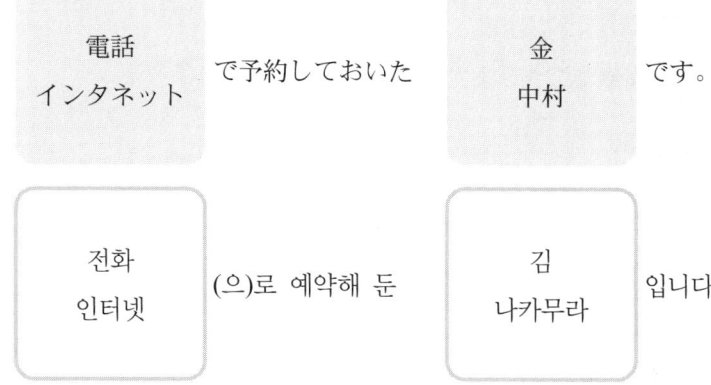

電話
インタネット　で予約しておいた　　金
中村　　です。

전화
인터넷　(으)로 예약해 둔　　김
나카무라　　입니다.

二日前に予約した田中です。(이틀 전에 예약한 다나카입니다.)

どのくらいのお泊まりですか。(어느 정도 묵으실 겁니까?)

もっと安い
海が見える　　部屋はありませんか。
もっと広い

좀더 싼
바다가 보이는　　방은 없습니까?
좀더 넓은

食事つきで一泊2万円です。(식사 포함해서 1박에 2만 엔입니다.)

空き部屋
　　があるかチェックしてみます。
空室

(빈 방이 있는지 체크해 보겠습니다.)

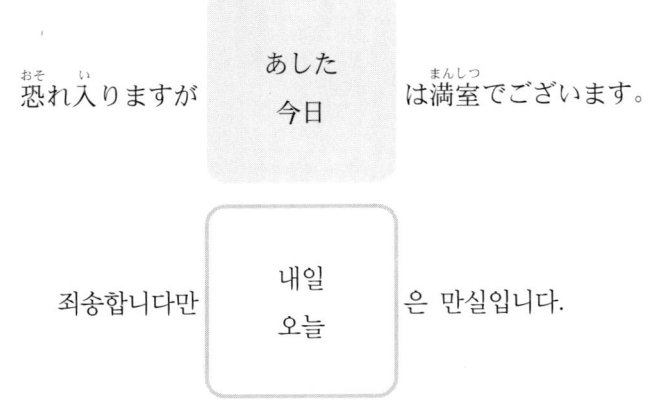

恐れ入りますが <ruby>恐<rt>おそ</rt></ruby>れ<ruby>入<rt>い</rt></ruby>りますが │ あした / 今日 │ は満室でございます。<ruby>満室<rt>まんしつ</rt></ruby>

죄송합니다만 │ 내일 / 오늘 │ 은 만실입니다.

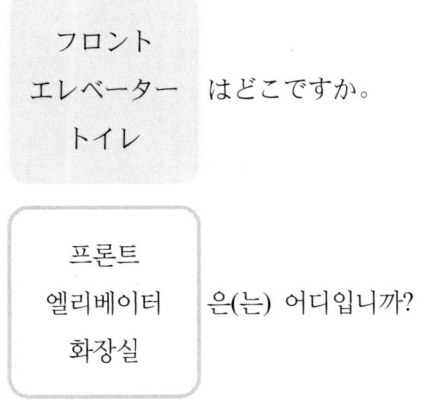

│ フロント / エレベーター / トイレ │ はどこですか。

│ 프론트 / 엘리베이터 / 화장실 │ 은(는) 어디입니까?

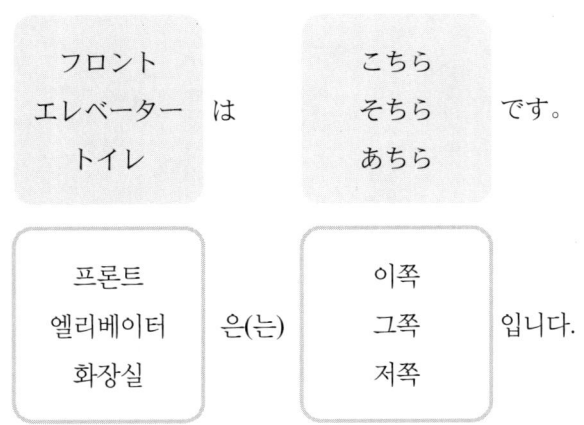

│ フロント / エレベーター / トイレ │ は │ こちら / そちら / あちら │ です。

│ 프론트 / 엘리베이터 / 화장실 │ 은(는) │ 이쪽 / 그쪽 / 저쪽 │ 입니다.

お<ruby>荷物<rt></rt></ruby>は私がお<ruby>持<rt></rt></ruby>ちいたします。(짐은 제가 들어 드리겠습니다.)

お荷物はいくつですか。(짐은 몇 개입니까?)

こわれものはございませんか。(깨지는 물건은 없습니까?)

お荷物はこれだけですか。(짐은 이것뿐입니까?)

お客さまの荷物か確認したください。(손님의 짐인지 확인해 주세요.)

こちらがお荷物の預り証です。(이것이 짐 보관증입니다.)

お客さまのお部屋は821号室でございます。(손님의 방은 821호실입니다.)

これがお部屋のかぎでございます。(이것이 방의 열쇠입니다.)

お部屋までご案内いたします。(방까지 안내하겠습니다.)

かぎを部屋に置いたままドアを閉めてしまいました。

(열쇠를 방에 놔둔 채로 문을 닫아버렸습니다.)

tip

> ※ **「과거의 조동사(た)＋まま」에 대해서**
> 「まま」가 과거의 조동사 「た(~이었다)」와 같이 사용될 경우에는 「~한 채로」의 뜻으로 앞에서 행하여진 행위에 의해서 생긴 결과 또는 상황이 나중에 변하지 않고 계속되는 것을 나타낸다.
>
> 靴をはいたまま部屋にはいった。(구두를 신은 채로 방에 들어갔다.)
>
> ベンチに座ったまま新聞を読みました。(벤치에 앉은 채로 신문을 읽었습니다.)

お一人様 | 三日間 / 四日間 | のご滞在ですね。

한 분 | 3일 간 / 4일 간 | 머무르시는군요.

非常口 / 階段 / エレベーター | はあちらでございます。

비상구 / 계단 / 엘리베이터 | 은(는) 저쪽입니다.

朝ご飯は何時からですか。(아침식사는 몇 시부터입니까?)

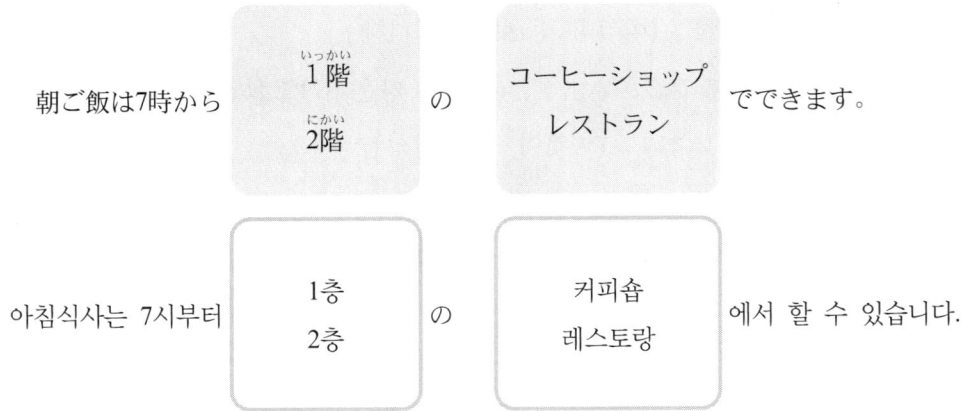

朝ご飯は7時から の でできます。

| 1階 (いっかい) | | コーヒーショップ |
| 2階 (にかい) | | レストラン |

아침식사는 7시부터 의 에서 할 수 있습니다.

| 1층 | | 커피숍 |
| 2층 | | 레스토랑 |

あしたの朝6時にモーニングコルをお願いします。

(내일 아침 6시에 모닝콜을 부탁합니다.)

チェックアウトをお願いします。

(체크아웃을 부탁합니다.)

チェックアウトします。

(체크아웃하겠습니다.)

Memo

円高で日本人の観光客が多くなりました。

엔고로 일본인 관광객이 많아졌습니다.

새로 나온 말

- 円高(えんだか) : 엔고
- 上半期(かみはんき) : 상반기
- 給料(きゅうりょう) : 월급
- 増える(ふえる) : 늘다
- 車(くるま) : 자동차

- 景気(けいき) : 경기
- 税金(ぜいきん) : 세금
- 就職(しゅうしょく) : 취직
- 種類(しゅるい) : 종류

円高で日本人の観光客が多くなりました。

엔고로 일본인 관광객이 많아졌습니다.

上半期には景気が悪かったです。

상반기에는 경기가 나빴습니다.

お金がなくて、車が買えません。

돈이 없어서 자동차를 살 수 없습니다.

税金は高いです。

세금은 비쌉니다.

給料は安いです。

월급은 쌉니다.

税金は高くて給料は安いです。

세금은 비싸고, 월급은 쌉니다.

景気が悪いです。

경기가 나쁩니다.

景気が悪くて、就職しにくいです。

경기가 나빠서 취직하기 어렵습니다.

円が高くなりました。

엔이 비싸졌습니다.

円高で輸出しやすくなりました。

엔고로 수출하기 쉬워졌습니다.

円高で日本人の観光客は何パーセントぐらい増えましたか

엔고로 일본인 관광객은 몇 퍼센트 정도 늘었습니까?

だいたい10パーセントぐらいですね。

대개 10퍼센트 정도이지요.

문법과 어구설명

1 형용사에 접속조사 「て」가 이어지는 형에 대해서

형용사에 조사 「て」가 이어질 때는, 활용어미 「い」가 「く」로 바뀐다. 조사 「て」는 「고, 서, 아, 어, 여」의 뜻을 나타내며, 원인, 이유를 나타내는 의미와 단순접속의 의미를 나타낸다.

高い (비싸다) ➡ 高くて (비싸고, 비싸서)

広い (넓다) ➡ 広くて (넓고, 넓어서)

多い (많다) ➡ 多くて (많고, 많아서)

長い (길다) ➡ 長くて (길고, 길어서)

① 원인, 이유를 나타내는 예

舶来品は高くて、とても買えません。

(외래품은 비싸서(비싸기 때문에), 도저히 살 수 없습니다.)

② 단순접속을 나타내는 예

これは重くて、それは軽いです。 (이것은 무겁고, 그것은 가볍습니다.)

2 형용사의 과거형에 대해서

형용사에 과거의 조동사 「た」가 이어질 때는 활용어미 「い」가 「かっ」으로 바뀐다.

高い (비싸다) ➡ 高かった (비쌌다)

重い (무겁다) ➡ 重かった (무거웠다)

暑い (덥다) ➡ 暑かった (더웠다)

한편, 형용사 과거형의 공손어는 과거형에 「です」를 접속시켜 사용한다.

高かった (비쌌다)   ➔ 高かった<u>です</u> (비쌌습니다)

重かった (무거웠다) ➔ 重かった<u>です</u> (무거웠습니다)

暑かった (더웠다)   ➔ 暑かった<u>です</u> (더웠습니다)

tip
※ 「高いでした」, 「重いでした」, 「暑いでした」로는 사용하지 않는 점에 주의해야 한다.

3 형용사에 동사가 이어지는 「～くなる」형에 대해서

형용사에 모든 동사가 이어질 때는 형용사의 활용어미 「い」가 「く」로 바뀐다.

高<u>い</u> (비싸다) ➔   高<u>くなる</u> (비싸지다)

　　　　　　　　高<u>くつく</u> (비싸게 치이다)

　　　　　　　　高<u>くする</u> (비싸게 하다)

　　　　　　　　高<u>く作る</u> (비싸게 만들다)

安<u>い</u> (싸다) ➔   安<u>くなる</u> (싸지다)

　　　　　　　　安<u>くつく</u> (싸게 치이다)

　　　　　　　　安<u>くする</u> (싸게 하다)

　　　　　　　　安<u>く作る</u> (싸게 만들다)

4 「동사의 연용형+やすい」와 「동사의 연용형+にくい」에 대해서

読む (읽다) ➔   読み<u>ます</u> (읽습니다)

　　　　　　　読み<u>やすい</u> (읽기 쉽다)

　　　　　　　読み<u>にくい</u> (읽기 어렵다)

使う (사용하다) ➡ 使います (사용합니다)

使いやすい (사용하기 쉽다)

使いにくい (사용하기 어렵다)

作る (만들다) ➡ 作ります (만듭니다)

作りやすい (만들기 쉽다)

作りにくい (만들기 어렵다)

「동사의 연용형+やすい」는 「~하기 쉽다」의 뜻이고, 「동사의 연용형+にくい」는 「~하기 어렵다」의 뜻이다.

5 원인을 나타내는 조사 「で」의 용법에 대해서

조사 「で」는 「~로」, 「~때문에」의 뜻을 나타내며 주로 명사에 접속한다.

円高で日本人の観光客が増えました。

(엔고로(때문에) 일본인 관광객이 늘어났습니다.)

最近大雨で野菜が高くなりました。

(최근에 큰 비로 야채가 비싸졌습니다.)

# 문형 응용연습

①

| 円高 (えんだか) / 円安 (えんやす) | で | 赤字 (あかじ) / 黒字 (くろじ) | が | 多少な | くなりました。 |

| 엔고 / 엔이 싸짐 | 으(로) | 적자 / 흑자 | 가 | 많아 / 적어 | 졌습니다. |

②

| 上半期 (かみはんき) / 下半期 (しもはんき) | には物価 (ぶっか) が | 高 / 安 | かったです。 |

| 상반기 / 하반기 | 에는 물가가 | 비쌌 / 쌌 | 습니다. |

③

| 輸出 (ゆしゅつ) / 税金 / 上半期 | は | 多 / 高 / 安 | くて | 輸入 / 給料 / 下半期 | は | 少ない / 安い / 高い | です。 |

| 수출 / 세금 / 상반기 | 은(는) | 많 / 비싸 / 싸 | 고 | 수입 / 월급 / 하반기 | 은(는) | 적 / 쌉 / 비쌉 | (습)니다. |

④

お金がなくて、
家
車
土地
が買えません。

돈이 없어서
집
자동차
토지
을(를) 살 수 없습니다.

⑤
就職し
分かり
読み
書き
やすい。
취직하기
알기
읽기
쓰기
쉽다.

⑥
就職し
分かり
読み
書き
にくい。
취직하기
알기
읽기
쓰기
어렵다.

# 형용사의 활용

형용사의 활용형은 5가지 종류가 있고, 각각의 활용형은 다음과 같은 의미를 나타낸다. 형용사는 말의 성질상 명령형은 없다. 모든 형용사는 활용어미가 「い」로 끝난다.

① 미연형(未然形) ➡ 추측의 의미를 나타낸다.
② 연용형(連用形) ➡ 과거의 의미를 나타낸다.
　　　　　　　　　부정의 의미를 나타낸다.
　　　　　　　　　단순접속의 의미를 나타낸다.
　　　　　　　　　동사에 이어져서 연용수식어를 나타낸다.
③ 종지형(終止形) ➡ 문을 끝맺는다.
④ 연체형(連体形) ➡ 체언(명사)을 수식한다.
⑤ 가정형(仮定形) ➡ 가정의 의미를 나타낸다.
⑥ 명령형(命令形) ➡ 말의 성질상 없음.

1 未然形

추측을 나타내는 조동사 「う」에 이어진다. 이 경우 활용어미 「い」가 「かろ」로 바뀌어 「う」에 이어진다.

暑い(あつい) : 덥다　　　　➡　暑かろう(あつかろう) : 덥겠지
寒い(さむい) : 춥다　　　　➡　寒かろう(さむかろう) : 춥겠지
重い(おもい) : 무겁다　　　➡　重かろう(おもかろう) : 무겁겠지
軽い(かるい) : 가볍다　　　➡　軽かろう(かるかろう) : 가볍겠지
おもしろい : 재미있다　　　➡　おもしろかろう : 재미있겠지
美しい(うつくしい) : 아름답다 ➡ 美しかろう(うつくしかろう) : 아름답겠지

형용사의 미연형은 「~이겠지」, 「~일 것이다」의 뜻으로 활용어미 「い」가 「かろ」로 활용되어 조동사 「う」에 접속되지만, 현대 일본어에서는 형용사의 기본형에 「だろう」를 붙여서 추측을 나타나는 형으로 사용하는 것이 일반적이다.

暑<u>かろ</u>う	➜ 暑い<u>だろう</u> : 덥겠지
寒<u>かろ</u>う	➜ 寒い<u>だろう</u> : 춥겠지
重<u>かろ</u>う	➜ 重い<u>だろう</u> : 무겁겠지
軽<u>かろ</u>う	➜ 軽い<u>だろう</u> : 가볍겠지
おもしろ<u>かろう</u>	➜ おもしろい<u>だろう</u> : 재미있겠지
美し<u>かろ</u>う	➜ 美しい<u>だろう</u> : 아름답겠지

2 連用形

① 과거의 의미를 나타낸다.

과거의 의미를 나타내는 조동사 「た」에 이어지며 이 경우 활용어미 「い」가 「かっ」으로 바뀐다.

暑<u>い</u>(あつい) : 덥다	➜ 暑<u>かった</u> : 더웠다
寒<u>い</u>(さむい) : 춥다	➜ 寒<u>かった</u> : 추웠다
重<u>い</u>(おもい) : 무겁다	➜ 重<u>かった</u> : 무거웠다
軽<u>い</u>(かるい) : 가볍다	➜ 軽<u>かった</u> : 가벼웠다
おもしろ<u>い</u> : 재미있다	➜ おもしろ<u>かった</u> : 재미있었다
美し<u>い</u>(うつくしい) : 아름답다	➜ 美し<u>かった</u> : 아름다웠다

② 부정의 의미를 나타낸다.

부정의 의미를 나타내는 형용사 「ない」에 이어지며, 이 경우 활용어미 「い」는 「く」로 바뀐다.

暑<u>い</u>(あつい) : 덥다	➜ 暑<u>く</u>ない : 덥지 않다
寒<u>い</u>(さむい) : 춥다	➜ 寒<u>く</u>ない : 춥지 않다

重い(おもい) : 무겁다　　　　➡ 重くない : 무겁지 않다

軽い(かるい) : 가볍다　　　　➡ 軽くない : 가볍지 않다

おもしろい : 재미있다　　　　➡ おもしろくない : 재미있지 않다

美しい(うつくしい) : 아름답다 ➡ 美しくない : 아름답지 않다

③ 단순접속의 의미를 나타낸다.

이 경우 조사 「て」에 이어지며, 활용어미 「い」는 「く」로 바뀐다. 조사 「て」는 문의 의미에 따라서 「고, 서, 아, 어, 여」로 해석한다.

暑い(あつい) : 덥다　　　　➡ 暑くて : 덥고, 더워서

寒い(さむい) : 춥다　　　　➡ 寒くて : 춥고, 추워서

重い(おもい) : 무겁다　　　　➡ 重くて : 무겁고, 무거워서

軽い(かるい) : 가볍다　　　　➡ 軽くて : 가볍고, 가벼워서

おもしろい : 재미있다　　　　➡ おもしろくて : 재미있고, 재미있어서

美しい(うつくしい) : 아름답다 ➡ 美しくて : 아름답고, 아름다워서

④ 모든 동사에 이어져 연용수식어를 나타낸다.

이 경우 활용어미 「い」는 「く」로 바뀌어 모든 동사에 이어진다.

暑い (덥다)　➡　暑くなる (더워지다)

　　　　　　　暑くする (덥게 하다)

　　　　　　　暑く感じる (덥게 느낀다)

　　　　　　　暑く見える (덥게 보인다)

寒い (춥다)　➡　寒くなる (추워지다)

　　　　　　　寒くする (춥게 하다)

　　　　　　　寒く感じる (춥게 느낀다)

　　　　　　　寒く見える (춥게 보인다)

重い (무겁다)　➡　重くなる (무거워지다)

重くする (무겁게 하다)

重く感じる (무겁게 느낀다)

重く見える (무겁게 보인다)

3 終止形

문을 終止시킬 때 사용하며, 형용사의 기본형과 같다.

今年の夏は暑い。(금년 여름은 덥다.)

今年の冬は寒い。(금년 겨울은 춥다.)

この箱は重い。(이 상자는 무겁다.)

この小説はおもしろい。(이 소설은 재미있다.)

彼女も美しい。(그녀도 아름답다.)

4 連体形

연체형은 체언, 즉 명사「もの, こと, 時, 人」등에 이어지는 형이다.

暑い時 (더울 때)

寒い時 (추울 때)

重いもの (무거운 것)

軽い箱 (가벼운 상자)

おもしろい本 (재미있는 책)

美しい花 (아름다운 꽃)

5 仮定形

조사「ば」에 이어져서 가정의 의미를 나타낸다. 이 경우 활용어미「い」는「けれ」로 바뀌면서 조사「ば」에 이어진다.

暑い(あつい)：덥다　　　　　　➡　暑ければ：더우면

寒い(さむい)：춥다　　　　　　➡　寒ければ：추우면

重い(おもい)：무겁다　　　　　➡　重ければ：무거우면

軽い(かるい)：가볍다　　　　　➡　軽ければ：가벼우면

おもしろい：재미있다　　　　　➡　おもしろければ：재미있으면

美しい(うつくしい)：아름답다　➡　美しければ：아름다우면

일본의 年中行事에 대해서(1)

1. 成人の日(성인의 날)

성인의 날은 1월 15일로, 만20세가 된 젊은이들이 기모노와 양복을 입고 성인식에 출석한다. 선거권을 갖게 되고, 어른으로서 인정을 받게 된다.

2. ひな祭り

ひな祭り는 3월 3일로 여자아이가 건강하게 성장하는 것을 기원하는 의미로, 자기 집에 ひな人形을 장식하는 것이다.

3. 子どもの日(어린이날)

어린이날은 5월 5일로 주로 남자어린이의 성장을 축하하는 날이다. 좁고 긴 천으로 만든 잉어 모양을 한 「こいのぼり」를 집에 높이 세운다.

Memo

あの大きくてきれいな建物は何ですか。
저 크고 깨끗한 건물은 무엇입니까?

🌸 새로 나온 말

- 便利(べんり)：편리
- 新製品(しんせいひん)：신제품
- 中(なか)：안, 속

- 見本(みほん)：견본
- 品切れ(しなぎれ)：품절
- 建物(たてもの)：건물

地下鉄は安いです。

지하철은 쌉니다.

地下鉄は便利です。

지하철은 편리합니다.

地下鉄は安くて便利です。

지하철은 싸고 편리합니다.

この新しくて小さいものは何ですか。

이 새롭고 작은 물건은 무엇입니까?

それは新製品の見本です。

그것은 신제품 견본입니다.

新製品の中で品切れになったものはありますか。

신제품 중에서 품절이 된 것은 있습니까?

いいえ、まだありません。

아니오, 아직 없습니다.

この財布は高いですか。

이 지갑은 비쌉니까?

いいえ、高くありません。

아니오, 비싸지 않습니다.

この財布は安くて丈夫です。

이 지갑은 싸고 견고합니다.

あの大きくてきれいな建物はなんですか。

저 크고 깨끗한 건물은 무엇입니까?

あのビルは免税店です。

저 건물은 면세점입니다.

免税店の中はどうですか。

면세점 안은 어떻습니까?

免税店の中は明るくてきれいです。

면세점 안은 밝고 깨끗합니다.

免税店です。

1 형용동사에 대해서

　형용동사란 형용사와 같이 사물의 성질과 상태를 나타내는 말로, 활용어미가 「だ」로 끝난다.
또한 형용동사는 활용을 하지만 말의 성질상 명령형은 없다.

> まじめ<u>だ</u> (성실하다)
> きれい<u>だ</u> (예쁘다)
> 静か<u>だ</u> (조용하다)
> おだやか<u>だ</u> (잔잔하다, 온화하다)
> 上手<u>だ</u> (잘 한다)
> 好き<u>だ</u> (좋아하다)

2 형용동사의 연체형에 대해서

　명사(체언)에 이어지는 형을 연체형이라 하는데, 형용동사의 연체형은 활용어미 「だ」가 「な」
로 바뀌어 명사(체언)에 이어진다.

> まじめ<u>だ</u> (성실하다) ➜　まじめ<u>な人</u> (성실한 사람)
> 　　　　　　　　　　　　まじめ<u>な学生</u> (성실한 학생)
>
> きれい<u>だ</u> (예쁘다) 　➜　きれい<u>な服</u> (깨끗한 옷)
> 　　　　　　　　　　　　きれい<u>な部屋</u> (깨끗한 방)
>
> 静か<u>だ</u> (조용하다) 　➜　静か<u>な家</u> (조용한 집)
> 　　　　　　　　　　　　静か<u>な公園</u> (조용한 공원)

好きだ (좋아하다)　➡　好きな<ruby>歌<rt>うた</rt></ruby> (좋아하는 노래)

好きな<ruby>科目<rt>か もく</rt></ruby> (좋아하는 과목)

3 「〜になる」형에 대해서

「〜になる」는 우리말로 「〜가 되다, 〜로 되다」의 뜻으로 명사에 이어진다.

先生 (선생님)　　➡　先生になる (선생님이 되다)

部長 (부장(님))　➡　部長になる (부장(님)이 되다)

<ruby>大学生<rt>だいがくせい</rt></ruby> (대학생)　➡　大学生になる (대학생이 되다)

4 형식명사 「もの」에 대해서

일본어에서 형식명사에는 「もの」와 「こと」가 자주 사용되는데, 「〜것, 〜일」 등으로 번역되나, 「もの」는 구체적인 형상이 있는 것을 나타내고, 「こと」는 구체적인 형상이 아닌 추상적인 것을 나타낸다.

この新しくて小さいものはなんですか。 (이 새롭고 작은 것은 무엇입니까?)

<ruby>妹<rt>いもうと</rt></ruby>のことについて<ruby>相談<rt>そうだん</rt></ruby>している。 (여동생 일에 대해서 상담하고 있다.)

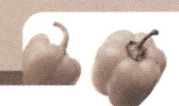

문형 응용연습

1

地下鉄(ちかてつ) 新製品(しんせいひん) 舶来品(はくらいひん)	は	安 小さ 高	くて	便利(べんり) 丈夫(じょうぶ) きれい	です。
지하철 신제품 외래품	은(는)	싸 작 비싸	고	편리 견고 예쁩	(합)니다.

2

あの	大き 小さ 長	くて	古い 新しい 黒い	ものは何ですか。
저	크 작 길	고	낡은 새 검은	것은 무엇입니까?

3

安 小さ 広	くて	便利 丈夫 きれい	な	もの 商品(しょうひん) 家	です。
싸 작 넓	고	편리 견고 깨끗	한	것 상품 집	입니다.

Memo

⑰

あなたはホテルと免税店と
どちらが好きですか。

당신은 호텔과 면세점 중 어느 쪽을 좋아합니까?

 **새로 나온 말**

- お酒(おさけ) : 술
- 煙(けむり) : 연기
- 仕事(しごと) : 일
- 家内(かない) : 아내, 처
- 開発(かいはつ) : 개발
- 職員(しょくいん) : 직원

この免税店の職員は日本語が上手です。

이 면세점의 직원은 일본어를 잘 합니다.

田中さんは英語が下手です。

다나카 씨는 영어를 잘 못합니다.

吉田部長はお酒が好きです。

요시다 부장(님)은 술을 좋아합니다.

私の家内はタバコの煙が嫌いです。

나의 아내는 담배연기를 싫어합니다.

あなたのすきな仕事はなんですか。

당신이 좋아하는 일은 무엇입니까?

わたしの好きな仕事は観光開発です。

내가 좋아하는 일은 관광개발입니다.

物価は東京と大阪とどちらが高いですか。

물가는 동경과 오사카 중 어느 쪽이 비쌉니까?

大阪より東京のほうが高いですね。

오사카보다 동경이 비싸지요.

あなたはホテルと免税店とどちらが好きですか。

당신은 호텔과 면세점 중 어느 쪽을 좋아합니까?

わたしはホテルより免税店のほうがすきです。

나는 호텔보다 면세점을 좋아합니다.

문법과 어구설명

1 조사 「が」를 수반하는 형용동사에 대해서

형용동사 「好きだ(좋아하다), 嫌いだ(싫어하다), 上手だ(잘 한다), 下手だ(서투르다)」는 항상 조사 「が」를 수반하며, 이때 조사 「が」는 「을, 를」로 해석한다.

私はももが好きだ。(나는 복숭아를 좋아한다.)

妹は英語が上手だ。(여동생은 영어를 잘 한다.)

2 「～と～とどちらが～ですか」 문형에 대해서

이 문형은 선택을 나타낼 때 사용하며 「～와 ～중 어느 쪽을 ～합니까?」의 뜻을 나타낸다.

あなたは日本語と中国語とどちらが上手ですか。

(당신은 일본어와 중국어 중 어느 쪽을 잘합니까?)

田中さんは梨とりんごとどちらが好きですか。

(다나카 씨는 배와 사과 중 어느 쪽을 좋아합니까?)

人口はソウルと東京とどちらが多いですか。

(인구는 서울과 동경 중 어느 쪽이 많습니까?)

3 「～より～のほうが～です」에 대해서

이 문형은 비교를 나타낼 때 사용하며 「～보다 ～를 ～합니다」의 뜻을 나타낸다.

특히 이 문형에서 「～のほう」는 「～쪽」으로 직역하지 않고, 「～のほう」는 일반적으로 해석하지 않는다.

英語より日本語のほうが上手です。(영어보다 일본어를 잘 합니다.)

私はりんごより梨のほうが好きです。(나는 사과보다 배를 좋아합니다.)

人口はソウルより東京のほうが多いです。(인구는 서울보다 동경이 많습니다.)

4 家内(かない)

자신의 처(아내)를 표현할 때에는 「妻(つま), 家内(かない), 女房(にょうぼう)」를 사용하고, 상대방의 부인을 표현할 때에는 「奥さん(おくさん)」 또는 「奥さま(おくさま)」를 사용한다.

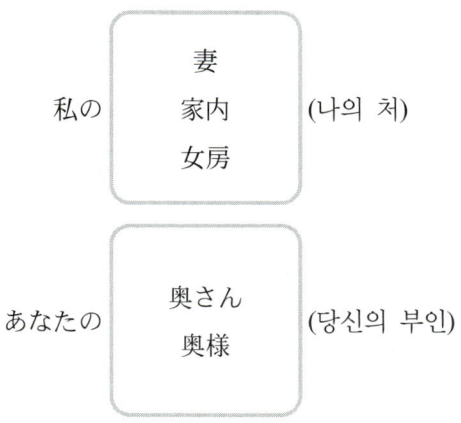

私の   妻 家内 女房   (나의 처)

あなたの   奥さん 奥様   (당신의 부인)

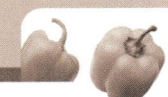

문형 응용연습

1

彼は	山登り 魚釣り 運転 歌	が	好き 嫌い 上手 下手	です。
그는	등산 낚시 운전 노래	(을)를	좋아합 싫어합 잘 합 잘 못합	니다.

2

あなたの	好き 嫌い 上手 下手	な	仕事 科目 外国語 歌	は何ですか。
당신이	좋아하 싫어하 잘 하 잘 못하	는	일 과목 외국어 노래	은(는) 무엇입니까?

3

前払い ホテル 東京	と	後払い 免税店 大阪	とどちらが好きですか。
선불 호텔 동경	과	후불 면세점 오사카	중 어느 쪽을 좋아합니까?

④

| 後払い
ホテル
大阪 | より | 前払い
免税店
東京 | のほうが好きです。 |

| 후불
호텔
오사카 | 보다 | 선불
면세점
동경 | 을 좋아합니다. |

형용동사의 활용

　형용동사의 활용형은 5가지로, 각각의 활용형은 다음과 같은 의미를 나타낸다. 형용동사는 말의 성질상 명령형은 없다. 그리고 모든 형용동사는 활용어미가 「だ」로 끝난다.

① 미연형(未然形)　➜　추측의 의미를 나타낸다.
② 연용형(連用形)　➜　과거의 의미를 나타낸다.
　　　　　　　　　　　　부정의 의미를 나타낸다.
　　　　　　　　　　　　모든 동사에 이어져서 연용수식어가 된다.
③ 종지형(終止形)　➜　문을 끝맺는 의미를 나타낸다.
④ 연체형(連体形)　➜　체언(명사)을 수식한다.
⑤ 가정형(仮定形)　➜　가정의 의미를 나타낸다.
⑥ 명령형(命令形)　➜　없음.

1 未然形

　추측을 나타내는 조동사 「う」에 이어진다. 이 경우, 활용어미 「だろ」로 바뀌어 「う」에 이어진다.

好き<u>だ</u> (좋아하다)　➜　好き<u>だろう</u> (좋아하겠지)
静か<u>だ</u> (조용하다)　➜　静か<u>だろう</u> (조용하겠지)
きれい<u>だ</u> (깨끗하다)　➜　きれい<u>だろう</u> (깨끗하겠지)
おだやか<u>だ</u> (잔잔하다)➜　おだやか<u>だろう</u> (잔잔하겠지)
まじめ<u>だ</u> (성실하다)　➜　まじめ<u>だろう</u> (성실하겠지)
すなお<u>だ</u> (순진하다)　➜　すなお<u>だろう</u> (순진하겠지)
りっぱ<u>だ</u> (훌륭하다)　➜　りっぱ<u>だろう</u> (훌륭하겠지)

2 連用形

① 과거의 의미를 나타낸다.

과거의 의미를 나타내는 조동사 「た」에 이어지며, 이 경우 활용어미 「だ」는 「だっ」으로 바뀌어 「た」에 이어진다.

好きだ (좋아하다)　　➡ 好きだった (좋아했다)

静かだ (조용하다)　　➡ 静かだった (조용했다)

きれいだ (깨끗하다)　➡ きれいだった (깨끗했다)

おだやかだ (잔잔하다)➡ おだやかだった (잔잔했다)

まじめだ (성실하다)　➡ まじめだった (성실했다)

すなおだ (순진하다)　➡ すなおだった (순진했다)

りっぱだ (훌륭하다)　➡ りっぱだった (훌륭했다)

② 부정의 의미를 나타낸다.

부정을 나타내는 「ない」에 이어지며, 이 경우 활용어미 「だ」는 「で」로 바뀌어 「ない」에 이어진다.

好きだ (좋아하다)　　➡ 好きでない (좋아하지 않다)

静かだ (조용하다)　　➡ 静かでない (조용하지 않다)

きれいだ (깨끗하다)　➡ きれいでない (깨끗하지 않다)

おだやかだ (잔잔하다)➡ おだやかでない (잔잔하지 않다)

まじめだ (성실하다)　➡ まじめでない (성실하지 않다)

すなおだ (순진하다)　➡ すなおでない (순진하지 않다)

りっぱだ (훌륭하다)　➡ りっぱでない (훌륭하지 않다)

③ 동사에 이어져 연용수식어가 된다.

好きだ (좋아하다)　　➡ 好きになる (좋아지다)

静かだ (조용하다)　　➡ 静かに思う (조용히 생각하다)

きれいだ (깨끗하다) ➡ きれいにする (깨끗이 하다)

まじめだ (성실하다) ➡ まじめに考える (성실하게 생각하다)

3 終止形

문을 종지시킬 때 사용하며 형용동사의 기본형과 같다.

私はりんごが好きだ。(나는 사과를 좋아한다.)

先生の研究室はとても静かだ。(선생님의 연구실은 매우 조용하다.)

彼女の部屋もきれいだ。(그녀의 방도 깨끗하다.)

海はおだやかだ。(바다는 잔잔하다.)

彼の弟はとてもまじめだ。(그의 남동생은 매우 성실하다.)

彼の計画はりっぱだ。(그의 계획은 훌륭하다.)

4 連体形

연체형이란 체언 즉 명사가 이어지는 형으로 형용동사의 경우는 활용어미가 「な」로 바뀌어 체언 즉, 명사에 이어진다.

好きだ (좋아하다) ➡ 好きな科目 (좋아하는 과목)

静かだ (조용하다) ➡ 静かな所 (조용한 곳)

きれいだ (깨끗하다) ➡ きれいな部屋 (깨끗한 방)

おだやかだ (잔잔하다) ➡ おだやかな海 (잔잔한 바다)

まじめだ (성실하다) ➡ まじめな人 (성실한 사람)

りっぱだ (훌륭하다) ➡ りっぱな計画 (훌륭한 계획)

5 仮定形

조사 「ば」에 이어져서 가정의 의미를 나타낸다. 이 경우 활용어미 「だ」가 「なら」로 바뀌면서 「ば」에 이어지나 현대일본어에서는 조사 「ば」를 생략해서 사용하고 있다.

好きだ (좋아하다)　　➡ 好きなら(ば) (좋아하면)

静かだ (조용하다)　　➡ 静かなら(ば) (조용하면)

きれいだ (깨끗하다)　➡ きれいなら(ば) (깨끗하면)

おだやかだ (잔잔하다)➡ おだやかなら(ば) (잔잔하면)

まじめだ (성실하다)　➡ まじめなら(ば) (성실하면)

りっぱだ (훌륭하다)　➡ りっぱなら(ば) (훌륭하면)

※ 선물을 할 때와 받을 때의 표현 ※

선물을 할 때의 표현

つまらないものですが。(변변치 않은 물건입니다만)

たいしたものじゃありませんけど。(대단한 것은 아닙니다만)

ほんの気持ちばかりですが。(정말로 마음뿐입니다만)

선물을 받을 때의 표현

気を使っていただいてありがとうございます。(신경을 써주셔서 감사합니다.)

これをいただいてもいいんですか。(이것을 받아도 괜찮겠습니까?)

えんりょなくいただきます。(사양하지 않고 받겠습니다.)

喜んでいただきます。(기쁘게 받겠습니다.)

買物に出かけても いいですか。

물건 사러 외출해도 좋습니까?

 **새로 나온 말**

- 吸う(すう) : 들이마시(피우)다
- 部屋(へや) : 방
- 手紙(てがみ) : 편지

- タバコ : 담배
- 飲む(のむ) : 마시다
- 買物(かいもの) : 쇼핑

買物に出かけてもいいですか。

물건 사러 외출해도 좋습니까?

はい、どうぞ。

예, 다녀오세요.

部屋でタバコを吸ってもかまいませんか。

방에서 담배를 피워도 상관없습니까?

いいえ、吸わないでください。

아니오, 피우지 말아주세요.

日本に電話しなくてもいいですか。

일본에 전화하지 않아도 됩니까?

はい、電話しなくてもいいです。

예, 전화하지 않아도 됩니다.

手紙は日本語で書かなくてもいいですか。

편지는 일본어로 쓰지 않아도 됩니까?

いいえ、日本語で書かなくてはいけません。

아니오, 일본어로 쓰지 않으면 안 됩니다.

日本語を習わなければなりませんか。

일본어를 배우지 않으면 안 됩니까?

そうですね。

글쎄요.

習わなくてもかまいませんが、習ったほうがいいと思います。

배우지 않아도 상관없습니다만, 배우는 편이 좋다고 생각합니다.

お酒を飲んでもかまいませんか。

술을 마셔도 상관없습니까?

そうですね。

글쎄요.

飲んでもかまいませんが、あまり飲まないほうがいいですよ。

마셔도 상관없습니다만, 너무 마시지 않는 편이 좋습니다.

# 문법과 어구설명

1 「~てもいいですか」의 표현에 대해서

「~てもいいですか」는 상대방에게 허락을 구하는 문형으로, 「~てもかまいませんか」를 사용할 수도 있다. 허락의 대답은 「~てもいいです(~해도 좋습니다)」 또는 「~てもかまいません(~해도 상관없습니다)」이다. 그러나 금지의 대답은 「~てはいけません(~해서는 안 됩니다)」로 표현한다.

> ここでタバコを吸ってもいいですか。(여기서 담배를 피워도 좋습니까?)
> ここでタバコを吸ってもかまいませんか。(여기서 담배를 피워도 상관없습니까?)
> はい、吸ってもいいです。(예, 피워도 좋습니다.)
> はい、吸ってもかまいません。(예, 피워도 상관없습니다.)
> いいえ、吸ってはいけません。(아니오, 피워서는 안 됩니다.)

2 「~したほうがいいです」의 표현에 대해서

「~したほうがいいです」는 「~하는 편이 좋습니다」의 뜻으로 동사 「する」의 과거형 「した」를 사용했으나, 기본형 「する」 그대로 사용할 수도 있다. 그러나 현대일본어에서는 일반적으로 과거형을 주로 사용한다.

> タクシーに乗ったほうがいいです。
> タクシーに乗るほうがいいです。
> (택시를 타는 편이 좋습니다.)

> 肉を食べたほうがいいです。
> 肉を食べるほうがいいです。
> (고기를 먹는 편이 좋습니다.)

그러나 부정의 표현은 「동사의 미연형(ない)+ほうがいいです」를 사용한다.

タクシーに乗らないほうがいいです。 (택시를 타지 않는 편이 좋습니다.)
肉を食べないほうがいいです。 (고기를 먹지 않는 편이 좋습니다.)

3 「~なければなりません」의 표현에 대해서

「~なければなりません」은 「~않으면 안 됩니다」의 뜻으로 「그렇게 할 의무가 있는, 그렇게
하는 것이 당연하다」라는 의미를 나타낼 때 사용한다.

日本語で手紙を書かなければなりません。 (일본어로 편지를 쓰지 않으면 안 됩니다)
肉を食べなければなりません。 (고기를 먹지 않으면 안 됩니다)

「~なければなりません」과 같은 의미를 나타내는 표현은 다음과 같다.

~なくてはなりません。　　　　　　~なければいけません。
~なくてはいけません。　　　　　　~なければだめです。
~なくてはだめです。

駅まで歩いて行かなければなりません。
駅まで歩いて行かなくてはなりません。
駅まで歩いて行かなければいけません。
駅まで歩いて行かなくてはいけません。
駅まで歩いて行かなければだめです。
駅まで歩いて行かなくてはだめです。
(역까지 걸어서가지 않으면 안 됩니다.)

4 「담배를 피우다」의 표현에 대해서

「담배를 피우다」라는 표현은 다음의 3가지 표현을 사용한다.

タバコを吸う。

タバコをふかす。

タバコをのむ。

① 日本語で書い
　　テレビを見
　　声を出して読ん　ても(でも)いいです。

　　일본어로 써
　　텔레비전을 보아
　　소리를 내어 읽어　도 좋습니다.

② 今日はお酒を飲ん
　　見物に出かけ
　　日本に電話し　ても(でも)かまいません。

　　오늘은 술을 마셔
　　구경하러 외출해
　　일본에 전화해　도 상관없습니다.

③ 肉を食べ
　　母に手紙を書い
　　バスに乗っ　たほうがいいです。

　　고기를 먹는
　　어머니에게 편지를 쓰는　편이 좋습니다.
　　버스를 타는

4

タバコは吸わ
テレビは見　　ないほうがいいです。
タクシーに乗ら

담배는 피지
텔레비전은 보지　않는 편이 좋습니다.
택시를 타지

5

日本語で書か
日本語の辞書を買わ　なければなりません。
薬を飲ま
（くすり）

일본어로 쓰지
일본어 사전을 사지　않으면 안 됩니다.
약을 먹지

6

呼ば
買わ　なくてもかまいませんが、
書か

부르지
사지　않아도 상관없습니다만,
쓰지

7

　　　書か
あまり　飲ま　ないほうがいいです。
　　　会わ

　　쓰지
너무　마시지　않는 편이 좋습니다.
　　만나지

공항에서의 표현

入国カードとパスポートを見せてください。(입국카드와 여권을 보여주세요.)

入国の目的は何ですか。(입국 목적은 무엇입니까?)

パスポートと税関申告書を見せてください。(여권과 세관신고서를 보여주세요.)

申告するものはありませんか。(신고할 물건은 없습니까?)

身の回り品です。(소지품입니다.)

お酒とタバコはありませんか。(술과 담배는 없습니다.)

何日間滞在しますか。(며칠 간 체류합니까?)

旅行目的は何ですか。(여행 목적은 무엇입니까?)

免税品はこれだけです。(면세품은 이것뿐입니다.)

近くの	バス停 駅 タクシー乗り場	まで見送りします。

근처의	버스정류장 역 택시승강장	까지 배웅하겠습니다.

また	ソウル 東京 大阪	にいらっしゃってください。

또	서울 동경 오사카	에 오세요.

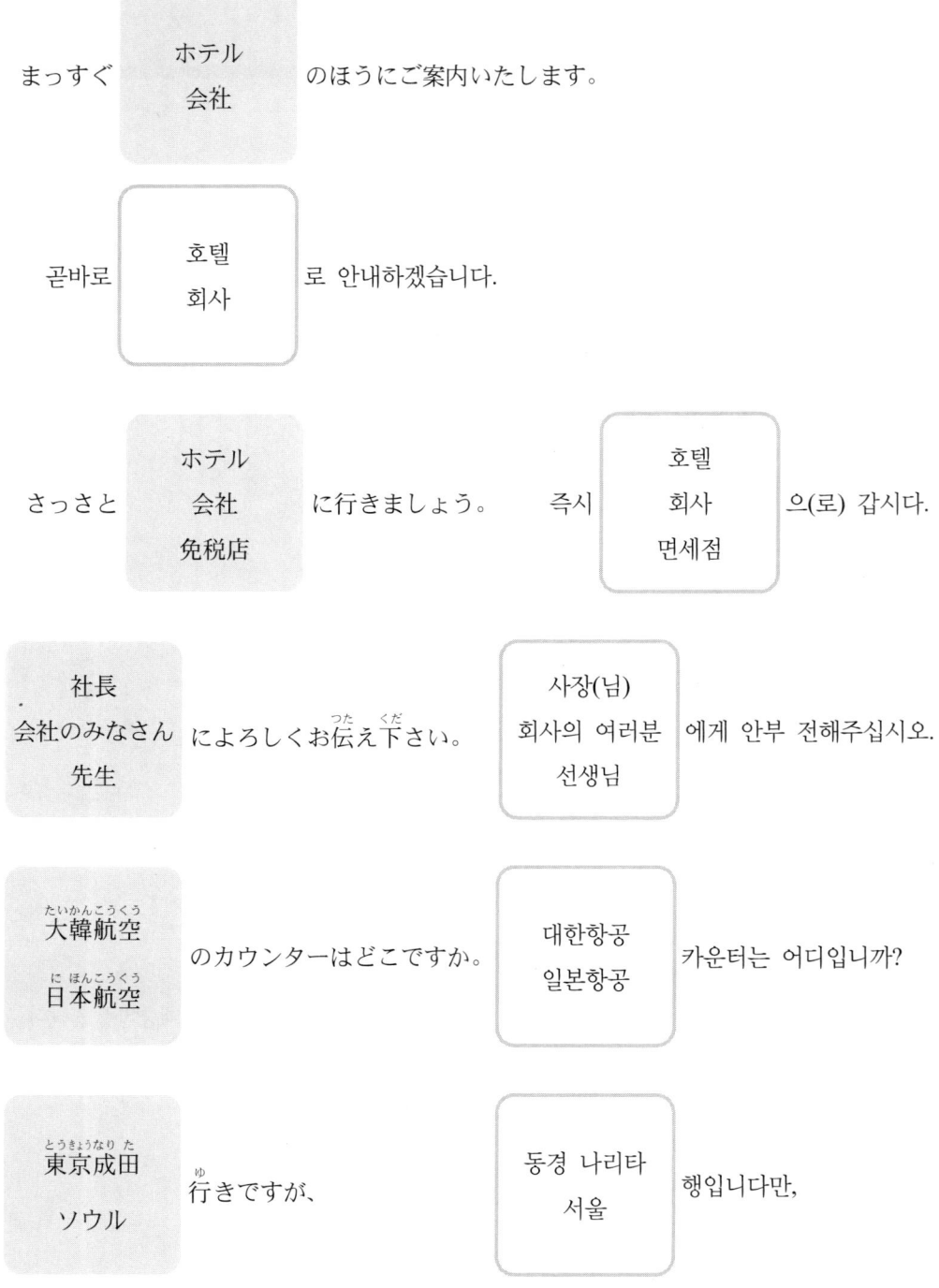

まっすぐ ホテル / 会社 のほうにご案内いたします。

곧바로 호텔 / 회사 로 안내하겠습니다.

さっさと ホテル / 会社 / 免税店 に行きましょう。　즉시 호텔 / 회사 / 면세점 으(로) 갑시다.

社長 / 会社のみなさん / 先生 によろしくお伝え下さい。　사장(님) / 회사의 여러분 / 선생님 에게 안부 전해주십시오.

大韓航空(たいかんこうくう) / 日本航空(にほんこうくう) のカウンターはどこですか。　대한항공 / 일본항공 카운터는 어디입니까?

東京成田(とうきょうなりた) / ソウル 行(ゆ)きですが、　동경 나리타 / 서울 행입니다만,

パスポートとチケットをください。(여권과 티켓을 주세요.)

お荷物
かばん
はいくつですか。

짐
가방
은 몇 개입니까?

貴重品やこわれものは入っていませんか。

(귀중품이나 깨지기 쉬운 물건은 들어있지 않습니까?)

12番
18番
ゲートからご搭乗ください。

12번
18번
게이트로 탑승해주세요.

インチョン空港
成田空港
関西空港
には何時に到着しますか。

인천공항
나리타공항
간사이공항
에는 몇 시에 도착합니까?

私は日本語の辞書が欲しいです。

나는 일본어사전을 갖고 싶습니다.

 **새로 나온 말**

- ええ : 예
- 結構(けっこう) : 좋다, 괜찮다
- 妹(いもうと) : 여동생
- そば : 메밀국수
- 弟(おとうと) : 남동생

木村さん、買物が終わってから食事に行きましょう。

키무라 씨, 쇼핑이 끝나고 나서 식사하러 갑시다.

ええ、そうしましょう。

예, 그렇게 합시다.

何を食べましょうか。

무엇을 먹을까요?

そうですね。

글쎄요.

そばはどうですか。

메밀국수는 어떻습니까?

ええ、結構です。

예, 좋습니다.

あなたは何が欲しいですか。

당신은 무엇이 갖고 싶습니까?

わたしは日本語の辞書が欲しいです。

나는 일본어사전이 갖고 싶습니다.

あなたは何が欲しいですか。

당신은 무엇을 갖고 싶습니까?

わたしは何も欲しくないです。

나는 아무것도 갖고 싶지 않습니다.

弟は何を欲しがっていますか。

남동생은 무엇을 갖고 싶어 합니까?

弟は日本の雑誌を欲しがっています。

남동생은 일본의 잡지를 갖고 싶어 합니다.

妹の欲しがっているものは何ですか。

여동생이 갖고 싶어 하는 것은 무엇입니까?

妹の欲しがっているものは日本人形です。

여동생이 갖고 싶어 하는 것은 일본인형입니다.

1 「~ましょう」에 대해서

「~ましょう」는 「~ㅂ시다」란 뜻으로 권유를 나타낼 때 주로 사용한다.

　　見物に行き<u>ましょう</u>。(구경하러 갑시다.)
　　新しい時計を買い<u>ましょう</u>。(새 시계를 삽시다.)

　또한 「~ましょう」는 추측을 나타내는 의미로도 사용되나, 현대일본어에서는 「동사의 원형+でしょう」의 형을 많이 사용하고 있다.

　　あしたは雪_{ゆき}が降_ふり<u>ましょうか</u>。
　　→ あしたは雪が降る<u>でしょうか</u>。(내일은 눈이 내릴까요?)

　　田中さんも財布_{さいふ}を買い<u>ましょう</u>。
　　→ 田中さんも財布を買う<u>でしょう</u>。(다나까 씨도 지갑을 사겠지요.)

2 「~がほしい」에 대해서

「ほしい」는 항상 조사 「が」를 수반하고, 「~がほしい」는 「~을 갖고 싶다」란 뜻으로, 1인칭(나), 2인칭(당신)의 희망을 나타낼 때 사용한다.

　　私は財布<u>がほしい</u>です。(나는 지갑을 갖고 싶습니다.)
　　あなたも時計<u>がほしい</u>ですか。(당신도 시계를 갖고 싶습니까?)

3 「〜をほしがる」에 대해서

「〜をほしがる」는 「〜을 갖고 싶다」란 뜻으로, 3인칭의 희망을 나타낼 때 사용한다. 그리고 항상 「〜ている」의 형으로 사용된다.

部長も日本語の辞書を<u>ほしがっています</u>。(부장님도 일본어사전을 갖고 싶어 합니다.)
田中さんは新しい時計を<u>ほしがっています</u>。(다나카 씨는 새 시계를 갖고 싶어 합니다.)

4 結構です。

「結構」는 「좋다」라는 뜻과 「괜찮다」라고 정중하게 사양하는 뜻이 있다.

果物ですか、<u>けっこう</u>です。(과일입니까? 좋습니다.)

コーヒーをもう一杯どうですか。(커피를 한 잔 더 어떻습니까?)
もう<u>けっこう</u>です。(이제 괜찮습니다.)

5 「日本人形」과 「日本の人形」의 차이점

「日本人形」이라고 하면 일본 고유의 인형이라는 고유명사를 나타내고, 「日本の人形」이라고 하면 「일본에 있는 모든 인형」을 나타낸다.
　마찬가지로, 「東京大学」라고 하면 「동경대학」이라는 고유명사이고, 「東京の大学」라고 하면 「동경에 있는 모든 대학」을 나타낸다.

❋ 「~でいいです」, 「~はいいです」, 「~がいいです」의 차이점에 대해서 ❋

손님 3명이 우리 집에 놀러왔을 때 「お茶でも入れましょうか。」 그렇지 않으면
「コーヒーがいいですか。」라고 내가 물어보았을 때 손님의 대답은 다음과 같이
3종류로 분류할 수 있다.

① お茶<u>は</u>いいです。
　조사 「は」를 사용할 경우에는 필요 없다라는 「거절」을 나타낸다.

② お茶<u>で</u>いいです。
　조사 「で」를 사용할 경우에는 자신의 희망을 분명히 말하지 않고 사양해서
お茶로 충분하다는 의미를 나타낸다.

③ お茶<u>が</u>いいです。
　조사 「が」를 사용할 경우에는 원하던 것이 바로 お茶이다라고 하는 자신의
희망을 분명히 말할 때 사용한다.

1.

一緒に買物に出かけ
夏休みに日本へ行き　　ましょう。
一緒にご飯を食べ

같이 물건 사러 외출합
여름방학에 일본에 갑　　시다.
같이 밥을 먹읍

2.

わたしは　日本の雑誌
　　　　　日本の地図　がほしい。
　　　　　新しい時計

나는　일본잡지
　　　일본지도　를 갖고 싶다.
　　　새 시계

3.

あなたも　日本の雑誌
　　　　　日本の地図　がほしいですか。
　　　　　新しい時計

당신도　일본잡지
　　　　일본지도　를 갖고 싶습니까?
　　　　새 시계

4.

先生　　　日本の地図
兄　　は　日本語の辞書　をほしがっている。
部長　　　新しい車

선생님　　일본지도
형　　은　일본어사전　(을)를 갖고 싶어 한다.
부장님　　새 자동차

もしもし、西村さんのお宅ですか。
(여보세요, 니시무라 씨의 댁입니까?)

はい、西村でございますが、どちらさまですか。
(예, 니시무라입니다만, 누구이십니까?)

韓国ホテルの朴ですが、中村さんをお願いします。
(한국호텔의 박입니다만, 나카무라 씨를 부탁합니다.)

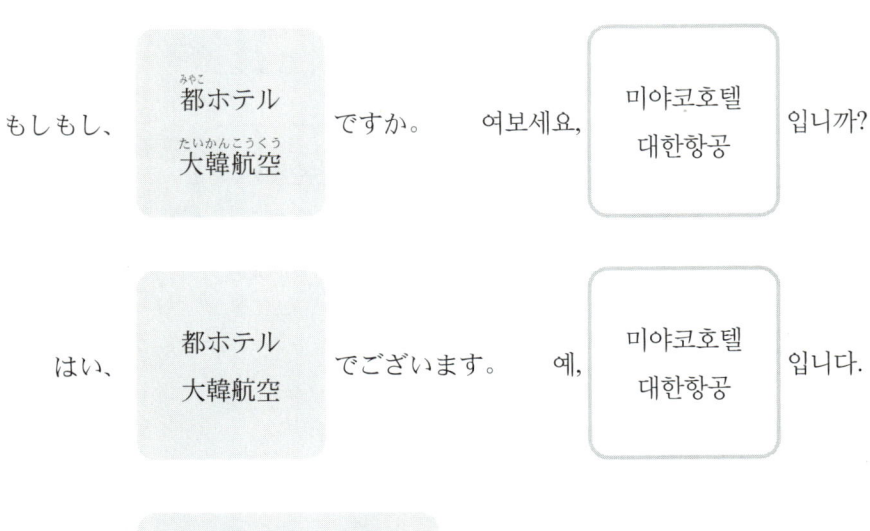

もしもし、　都ホテル
　　　　　　大韓航空　ですか。

여보세요, 미야코호텔
　　　　　대한항공　입니까?

はい、　都ホテル
　　　　大韓航空　でございます。

예, 미야코호텔
　　대한항공　입니다.

ただいま　外出中です。
　　　　　出かけております。
　　　　　外出しております。

(지금 외출중입니다.)

じゃ、またあとでお電話します。
(그럼, 또 나중에 전화하겠습니다.)

あいにく社長は
会議中（かいぎちゅう）
出張中（しゅっちょうちゅう）
外出中（がいしゅつちゅう）
ですが、

마침(공교롭게도) 사장(님)은
회의중
출장중
외출중
입니다만,

今
社長（しゃちょう）
部長（ぶちょう）
課長（かちょう）
は席（せき）を外（はず）しておりますが、

지금
사장(님)
부장(님)
과장(님)
은 자리에 안 계십니다만,

社長
部長
係長（かかりちょう）
はほかの電話（でんわ）に出（で）ています。

사장(님)
부장(님)
계장(님)
은 다른 전화를 받고 있습니다.

失礼ですが、どちらのさまでいらっしゃいますか。

(죄송합니다만, 누구이십니까?)

tip

　　※ 이 표현은 상대방이 이름을 밝히지 않았을 때 사용한다.

恐れ入りますが、もう一度お名前をお願いします。

(죄송합니다만, 다시 한번 이름을 부탁합니다.)

tip

　　※ 이 표현은 상대방의 이름을 잘 알아듣지 못했을 때 사용한다.

社長は打ち合わせ中なんですが、

(사장님은 협의 중입니다.)

田中さん
中村さん　　は見あたらないんですが。

다나카 씨
나카무라 씨　　는 안 보이는데요.

電話番号がまちがえました。

(전화번호가 틀렸습니다.)

☀ 국제전화 거는 법 ☀

① 한국에서 일본으로 걸 때

   예 한국에서 오사카 전화번호 (06)333-1234로 걸 때(단, 지역번호 앞의 「0」
      은 누르지 않는다.)

   한국통신 011 - 81 - (0×)6 - 333 - 1234
   데이콤   002 - 81 - (0×)6 - 333 - 1234

② 일본에서 한국으로 걸 때

   예 일본에서 서울 전화번호 (02)965-3947로 걸 때(단, 지역번호 앞의 「0」은
      누르지 않는다.)

   한국통신 001 - 82 - (0×)2 - 965 - 3947
   데이콤   002 - 82 - (0×)2 - 965 - 3947

일본의 年中行事에 대해서(2)

1. お盆(추석)

「お盆」은 양력 8月15日을 사용하고 있다.

이때에는 귀성객과 성묘객들로 매우 복잡하다.

이때에는 「お盆休み(추석연휴)」로, 전국 각지에서는 「浴衣」를 입은 남녀들이 원을 그리며 춤을 추는 축제 「盆踊り(ぼんおどり)」가 행하여진다.

2. 歳末(연말, 세모)

仕事納め(종무식)

➜ 12月28日에 모든 관공서에서는 종무식을 갖는다.

大晦日(대그믐)

➜ 12月31日 「大晦日」라 하며, 12月29日부터 연휴를 실시하고 있으며, 이 기간 중에는 가정에서 대청소를 하고, 正月준비를 한다.

年越しそば(대그믐날에 먹는 메밀국수)

➜ 대그믐날 밤에 대청소가 끝난 후, 정월을 맞이하는 준비가 끝난 방에서, 장수를 기원하면서 먹는 메밀국수이다. 이 습관은 江戸時代中期에 시작되었다.

除夜の鐘(제야의 종)

➜ 대그믐날 밤 12시가 되면, 근처에 있는 寺院으로부터 제야의 종소리를 들을 수 있다.

おぞうに(떡국)

➜ 정월에 먹는 떡국으로 둥그스런 모양이다.

このかばんは韓国から輸入するそうです。

이 가방은 한국에서 수입한다고 합니다.

 **새로 나온 말**

- 輸入(ゆにゅう)：수입
- 箱(はこ)：상자
- 中味(なかみ)：내용물
- 大量生産(たいりょうせいさん)：대량생산
- まわり：주위, 둘레
- 商品(しょうひん)：상품

このかばんは韓国から輸入するそうです。

이 가방은 한국에서 수입한다고 합니다.

このかばんは安くて丈夫だそうです。

이 가방은 싸고 견고하다고 합니다.

このホテルの部屋は明るくて広いそうです。

이 호텔의 방은 밝고 넓다고 합니다.

ホテルのまわりは静かそうです。

호텔 주위는 조용한 것 같습니다.

この商品はもう品切れですね。

이 상품은 벌써 품절이군요.

この商品は品切れで、高くなるそうです。

이 상품은 품절로, 비싸진다고 합니다.

この箱は重そうです。

이 상자는 무거운 것 같군요.

中味は何ですか。

내용물은 무엇입니까?

この商品は小さくて丈夫です。

이 상품은 작고 견고합니다.

この商品は大量生産で、安くなりそうです。

이 상품은 대량생산으로 싸질 것 같습니다.

韓国の
かばんです。

1 전문의 조동사 「そうだ」의 용법에 대해서

전문의 조동사 「そうだ」는 남으로부터 전해 듣고 안다는 「~라고 한다」는 의미로, 모든 활용어의 종지형(기본형)에 이어진다.

ある (있다)	➜	あるそうだ (있다고 한다)
書く (쓰다)	➜	書くそうだ (쓴다고 한다)
食べる (먹다)	➜	食べるそうだ (먹는다고 한다)
暑い (덥다)	➜	暑いそうだ (덥다고 한다)
安い (싸다)	➜	安いそうだ (싸다고 한다)
静かだ (조용하다)	➜	静かだそうだ (조용하다고 한다)
きれいだ (깨끗하다)	➜	きれいだそうだ (깨끗하다고 한다)
免税店だ (면세점이다)	➜	免税店だそうだ (면세점이라고 한다)
政治家だ (정치가이다)	➜	政治家だそうだ (정치가라고 한다)

2 양태의 조동사 「そうだ」의 용법에 대해서

양태의 조동사 「そうだ」는 「~인 것 같다」라는 뜻으로, 동사의 연용형과 형용사·형용동사의 어간에 이어진다.

동사의 연용형에 이어지는 예

ある (있다)	➜	ありそうだ (있는 것 같다)
行く (가다)	➜	行きそうだ (갈 것 같다)
食べる (먹다)	➜	食べそうだ (먹을 것 같다)
安い (싸다)	➜	安そうだ (싼 것 같다)

軽い (가볍다)　　　　➜　軽そうだ (가벼운 것 같다)

おもしろい (재미있다)➜　おもしろそうだ (재미있는 것 같다)

静かだ (조용하다)　　➜　静かそうだ (조용한 것 같다)

まじめだ (성실하다)　➜　まじめそうだ (성실한 것 같다)

　그러나 형용사「よい(좋다), ない(없다)」에 양태의 조동사「そうだ」가 이어질 때는「よさそうだ(좋을 것 같다), なさそうだ(없는 것 같다)」이다.

문형 응용연습

1

安くなる
寒くなる
広くなる そうです。
重くなる

싸진다
추워진다
넓어진다 고 합니다.
무거워진다

2

明日も来る
遊びに行く そうです。
日本語で書く

내일도 온다
놀러간다 고 합니다.
일본어로 쓴다

3

この本はおもしろい
舶来品は高い
ホテルのまわりは静かだ そうです。
韓国が好きだ

이 책은 재미있다
외래품은 비싸다
호텔 주위는 조용하다 고 합니다.
한국을 좋아한다

4

雨が降り
見物に行き そうです。
高く売れ

비가 내릴
구경하러 갈 것 같습니다.
비싸게 팔릴

5

今年の冬も寒
この箱は重 そうです。
この小説はおもしろ

올 겨울도 추울
이 상자는 무거운 것 같습니다.
이 소설은 재미있을

6

このホテルは静か
彼女は日本語が上手　　そうです。
吉田君もまじめ

이 호텔은 조용한
그녀는 일본어를 잘하는　것 같습니다.
요시다 군도 성실한

日本のことわざ(일본의 속담)

明日(あす)は明日(あす)の風が吹く

(내일은 내일의 바람이 분다)라는 말로 미래의 일로 끙끙거리지 말고 현재를 충분히 즐기는 것이 좋다는 의미를 나타낸다.

東(あずま)男に京(きょう)女

(멋있고 씩씩한 동경 토박이 남자와 아름답고 상냥한 교토의 여자는 日本의 男과 女를 대표한다)라는 의미를 나타낸다.

犬も歩けば棒(ぼう)にあたる

(주제넘게 나서면 봉변을 당한다)라는 우리말의 속담과 같은 의미를 나타낸다.

犬も三日飼えば三年間恩を忘れぬ

(개는 3일만 길러도 3년이나 기른 사람의 은혜를 잊지 않는다)는 의미로, 하물며 인간이라면 남의 은혜를 잊어서는 안 된다는 뜻을 나타낸다.

故郷へ錦(にしき)を着て帰る

(금의환향)의 의미로 지방 사람이 도시에 와서 출세를 하거나, 재산을 모아서 훌륭한 옷을 입고 고향에 돌아간다는 것을 나타낸다.

天は自ら(みずから)助くる(たすくる)者を助く

(하늘은 스스로 돕는 자를 돕는다.)

雨後(うご)のたけのこ

(우후죽순)의 의미로 계속해서 일이 많이 발생하는 모습을 나타낸다.

絵にかいた餅(もち)は食われず

(그림의 떡)

石橋(いしばし)を叩いて(たたいて)渡る

(돌다리도 두드려 건너다.)

急がば(いそがば)回れ(まわれ)

(급할수록 돌아가라.)

溺れた(おぼれた)者は藁(わら)をもつかむ

(물에 빠진 사람은 지푸라기라도 잡는다.)

善(ぜん)は急げ(いそげ)

(쇠뿔은 단김에 빼라.)

商い(あきない)は牛のよだれ

(장사는 소의 침과 같이 가늘고 길게 계속해야 한다)라는 말로 일시적으로 도리에 벗어나 이익을 탐내는 흉계를 해서는 안 된다는 뜻을 나타낸다.

朝焼け(あさやけ)は雨夕焼け(ゆうやけ)は晴れ

(아침하늘이 빨갛게 노을이 지면 비가 올 징조이고, 저녁노을은 맑을 징조)라는 의미를 나타낸다.

叩けば(たたけば)埃(ほこり)が出る

(털면 먼지가 나온다.)

塵(ちり)も積れば山となる。

(티끌 모아 태산)

壁(かべ)に耳あり、障子(しょうじ)に目あり

(낮말은 새가 듣고, 밤말은 쥐가 듣는다.)

空き樽(あきだる)は音が高い

(빈 깡통은 소리가 크다.)

住めば都(みやこ)

(사는 곳이 고향)이란 말로, 한번 살아 정이 들면 어떤 불편한 시골이라도 애착이 생겨서 도시에 사는 것과 같다는 의미를 나타낸다.

花より団子(だんご)

(금강산도 식후경)이란 말로, 외관보다는 내용을, 명목보다는 실속을 차린다는 뜻을 나타낸다.

うそつきは泥棒(どろぼう)の始まり

(거짓말은 도둑의 시초)

生み(うみ)の親より育ての親

(낳아준 부모보다 기른 부모의 정이 더 깊다.)

灯台(とうだい)下(もと)暗し(くらし)

(등잔 밑이 어둡다.)

逃がした魚は大きい

(놓친 고기는 크다.)

火のない所に煙は立たぬ

(아니 땐 굴뚝에 연기 나랴.)

仏作って魂(たましい)入れず

(부처를 만들고 혼을 넣지 않는다)의 말로 가장 중요한 것을 빠트린다는 의미를 나타낸다.

井の中の蛙(かわず)大海(たいかい)知らず

(우물 안 개구리는 큰 바다가 있는 것을 모른다.)

魚心(うおごころ)あれば水心(みずごころ)あり

(가는 정이 있어야 오는 정이 있다.)

噂(うわさ)をすれば影(かげ)がさす

(호랑이도 제 말하면 온다.)

女三人寄れば姦しい(かしましい)

(여자 3명이 모이면 시끄럽다.)

船頭(せんどう)多くして舟(ふね)山へ登る

(사공이 많으면 배가 산으로 올라간다.)

千里の行(こう)も足下(そっか)に始まる

(천리길도 한 걸음부터)

雨降って地(じ)固まる(かたまる)

(비온 뒤 땅이 더 굳어진다.)

言うは易く(やすく)行うは難し(かたし)

(무슨 일이든 말하는 것은 쉽고 행동하는 것은 어렵다.)

備え(そなえ)あれば患い(うれい)なし

(유비무환)

盗人(ぬすびと)を見て縄(なわ)をなう

(소 잃고 외양간 고친다.)

부록

- 중요 관용어구
- 중요 반대어
- 수사 및 조수사

愛想_{あい そ}がいい。 애교가 있다, 붙임성이 있다.

愛想_{あい そ}が尽_つきる。 정나미가 떨어지다.

相_{あい}づちを打_うつ。 말의 맞장구를 치다.

朝_{あさ}ねぼうをする。 늦잠을 자다.

頭_{あたま}が下_さがる。 머리가 수그러지다, 존경하다.

頭_{あたま}に来_くる。 화가 치밀다.

足_{あし}がつく。 단서가 잡히다.

足_{あし}ぶみをする。 제자리걸음을 하다.

足_{あし}を延_のばす。 가다, 발길을 뻗치다.

汗_{あせ}をかく。 땀이 나다.

お茶_{ちゃ}を入_いれる。 차를 끓이다.

雨_{あめ}があがる。 비가 개이다.

おなかをこわす。 배탈이 나다.

お腹_{なか}がすく。 배가 고프다.

腕_{うで}をみがく。 솜씨를 닦다.

音頭_{おん ど}を取_とる。 선창을 하다.

顔が立つ。 체면이 서다.

顔が広い。 안면이 넓다.

顔をつぶす。 체면을 깎다.

影をひそめる。 자취를 감추다.

かまをかける。 넘겨짚다.

肩を持つ。 두둔하다, 편들다.

かたをつける。 결말을 내다.

かたがつく。 결말이 나다.

気がつく。 알아차리다.

気に入る。 마음에 들다.

気にする。 마음에 두다, 염려하다.

気をつける。 조심하다.

気を配る。 배려하다.

気がある。 마음이 있다, 관심이 있다.

気になる。 마음에 걸리다, 걱정이 되다.

決まりが悪い。 쑥스럽다, 거북하다.

気が向く。 할 마음이 들다, 기분이 내키다.

肝をつぶす。 대단히 놀라다.

肝が太い。 대담하다.

肝に命ずる。 명심하다.

口がうまい。 말솜씨가 좋다.

口が重い。 입이 무겁다.

口が軽い。 입이 가볍다.

口車にのる。 감언이설에 속다.

くじを引く。 제비를 뽑다.

愚痴をこぼす。 푸념하다.

けがをする。 부상하다.

ごまをする。 아첨하다.

心が引かれる。 마음이 끌리다.

寒けがする。 오한이 나다.

写真をとる。 사진을 찍다.

さびがつく。 녹이 슬다.

舌を巻く。 감탄하다.

食が細い。 소식하다.

しこりが取れる。 응어리가 풀리다.

競りに出す。 경매에 부치다.

世話が無い。 다루기 쉽다, 손쉽다.

世話が焼ける。 손이 가서 성가시다.

世話を焼く。 보살펴주다, 애써주다.

世話になる。 신세를 지다.

手が空く。 일손이 비다.

手があがる。 솜씨가 늘다.

手にあまる。 힘에 벅차다.

手に負えない。 어찌할 도리가 없다.

手を回す。 손을 쓰다.

手を打つ。 손을 쓰다, 대책을 쓰다.

手にする。 손에 들다, 넣다.

手を焼く。 애를 먹다.

手をあげる。 손을 들다, 항복하다.

手を切る。 관계를 끊다.

手をたたく。 손뼉을 치다.

手をこまぬく。 수수방관하다.

つけにする。 외상으로 하다.

梅雨にはいる。 장마가 시작되다.

梅雨があがる。 장마가 개이다.

単位をとる。 학점을 따다.

点があまい。 점수가 후하다.

点がからい。 점수가 짜다.

途方に暮れる。 어찌할 바를 모르다.

年をとる。 나이를 먹다.

名前をつける。 이름을 짓다.

ないがしろにする。 소홀히 하다, 업신여기다.

においがする。 냄새가 나다.

はずみがつく。 기운이 나다.

人目を引く。 남의 눈을 끌다.

腹が立つ。 화가 나다.

腹を立てる。 화를 내다.

腹が太い。 배짱이 좋다.

昼寝をする。 낮잠을 자다.

ページをめくる。 페이지를 넘기다.

骨を折る。 애쓰다.

まねをする。 흉내를 내다.

身につける。 몸에 익히다, 몸에 지니다.

耳をすます。 귀를 기울이다.

メドがつく。 목표가 서다.

文句をつける。 트집 잡다, 시비를 걸다.

夢中になる。 몰두하다.

迷惑をかける。 폐를 끼치다.

目が覚める。 잠이 깨다.

夢を見る。 꿈을 꾸다.

やけどをする。 화상을 입다.

やむを得ない。 어쩔 수 없다.

約束を守る。 약속을 지키다.

夜が明ける。 날이 새다.

横になる。 눕다, 자다.

やりくりがうまい。 변통을 잘한다.

預金をおろす。 예금을 찾다.

留守をする。 부재중이다.

厚い(あつい) 두껍다   ⟷   薄い(うすい) 얇다

暑い(あつい) 덥다   ⟷   寒い(さむい) 춥다

熱い(あつい) 뜨겁다   ⟷   冷たい(つめたい) 차갑다

明るい(あかるい) 밝다   ⟷   暗い(くらい) 어둡다

浅い(あさい) 얕다   ⟷   深い(ふかい) 깊다

甘い(あまい) 달다   ⟷   辛い(からい) 맵다

多い(おおい) 많다   ⟷   少ない(すくない) 적다

遅い(おそい) 늦다   ⟷   早い(はやい) 빠르다

重い(おもい) 무겁다   ⟷   軽い(かるい) 가볍다

おもしろい 재미있다   ⟷   つまらない 시시하다

固い(かたい) 딱딱하다   ⟷   柔らかい(やわらかい) 부드럽다

狭い(せまい) 좁다   ⟷   広い(ひろい) 넓다

高い(たかい) 높다   ⟷   低い(ひくい) 낮다

高い(たかい) 비싸다   ⟷   安い(やすい) 싸다

遠い(とおい) 멀다   ⟷   近い(ちかい) 가깝다

長い(ながい) 길다   ⟷   短い(みじかい) 짧다

新しい(あたらしい) 새롭다   ⟷   古い(ふるい) 낡다

憎い(にくい) 밉다   ⟷   可愛い(かわいい) 귀엽다

鈍い(にぶい) 둔하다   ⟷   鋭い(するどい) 예리하다

大きい(おおきい) 크다   ⟷   小さい(ちいさい) 작다

太い(ふとい) 두껍다   ⟷   細い(ほそい) 가늘다

みにくい 추하다   ⟷   美しい(うつくしい) 아름답다

難しい(むずかしい) 어렵다   ⟷   易しい(やさしい) 쉽다

起きる(おきる) 일어나다   ⟷   寝る(ねる) 자다

怒る(おこる) 화내다	↔	笑う(わらう) 웃다	
大人(おとな) 어른	↔	子ども(こども) 아이	
差出人(さしだしにん) 발송인	↔	受取人(うけとりにん) 수취인	
明ける(あける) 밝다(날이)	↔	暮れる(くれる) 저물다	
後払い(あとばらい) 후불	↔	前払い(まえばらい) 선불	
浮かぶ(うかぶ) 뜨다	↔	沈み(しずむ) 가라앉다	
受かる(うかる) 합격하다	↔	落ちる(おちる) 떨어지다	
上回る(うわまわる) 상회하다	↔	下回る(したまわる) 하회하다	
上半期(かみはんき) 상반기	↔	下半期(しもはんき) 하반기	
伸びる(のびる) 펴지다	↔	縮む(ちぢむ) 줄어들다	
左(ひだり) 왼쪽	↔	右(みぎ) 오른쪽	

✳ 数詞 及 助数詞 ✳

数字(すうじ)

1	いち	一	200	にひゃく	二百
2	に	二	300	さんびゃく	三百
3	さん	三	400	よんひゃく	四百
4	よん・し	四	500	ごひゃく	五千
5	ご	五	600	ろっぴゃく	六百
6	ろく	六	700	ななひゃく	七百
7	しち・なな	七	800	はっぴゃく	八百
8	はち	八	900	きゅうひゃく	九百
9	く・きゅう	九			
10	じゅう	十	1,000	せん	千
11	じゅういち	十一	2,000	にせん	二千
12	じゅうに	十二	3,000	さんぜん	三千
13	じゅうさん	十三	4,000	よんせん	四千
14	じゅうよん・じゅうし	十四	5,000	ごせん	五千
15	じゅうご	十五	6,000	ろくせん	六千
16	じゅうろく	十六	7,000	ななせn	七千
17	じゅうしち・じゅうなな	十七	8,000	はっせん	八千
18	じゅうはち	十八	9,000	きゅうせん	九千
19	じゅうきゅう・じゅうく	十九			
20	にじゅう	二十	10,000	いちまん	一万
30	さんじゅう	三十	100,000	じゅうまん	十万
40	よんじゅう・しじゅう	四十	1,000,000	ひゃくまん	百万
50	ごじゅう	五十	10,000,000	せんまん	千万
60	ろくじゅう	六十	100,000,000	いちおく	一億
70	しちじゅう・ななじゅう	七十			
80	はちじゅう	八十			
90	きゅうじゅう	九十			
100	ひゃく	百			

日(ひ)と週刊

ひ(日) 날짜		주간
ついたち 一日	じゅうしちにち 十七日	いっしゅうかん 一週間
ふつか 二日	じゅうはちにち 十八日	にしゅうかん 二週間
みっか 三日	じゅうくにち 十九日	さんしゅうかん 三週間
よっか 四日	はつか 二十日	よんしゅうかん 四週間
いつか 五日	にじゅういちにち 二十一日	ごしゅうかん 五週間
むいか 六日	にじゅうににち 二十二日	ろくしゅうかん 六週間
なのか 七日	にじゅうさんにち 二十三日	ななしゅうかん 七週間
ようか 八日	にじゅうよっか 二十四日	はっしゅうかん 八週間
ここのか 九日	にじゅうごにち 二十五日	きゅうしゅうかん 九週間
とおか 十日	にじゅうろくにち 二十六日	じっしゅうかん 十週間
じゅういちにち 十一日	にじゅうしちにち 二十七日	なんしゅうかん 何週間
じゅうににち 十二日	にじゅうはちにち 二十八日	
じゅうさんにち 十三日	にじゅうくにち 二十九日	
じゅうよっか 十四日	さんじゅうにち 三十日	
じゅうごにち 十五日	さんじゅういちにち 三十一日	
じゅうろくにち 十六日	なんにち 何日	

年(とし)と月(つき)

月(つき) 월	月(つき) 달	年(ねん) 해
いちがつ 一月	いっかげつ 一か月	いちねん 一年
にがつ 二月	にかげつ 二か月	にねん 二年
さんがつ 三月	さんかげつ 三か月	さんねん 三年
しがつ 四月	よんかげつ 四か月	よねん 四年
ごがつ 五月	ごかげつ 五か月	ごねん 五年
ろくがつ 六月	ろっかげつ、はんとし 六か月	ろくねん 六年
しちがつ 七月	ななかげつ 七か月	しちねん 七年
はちがつ 八月	はっかげつ 八か月	はちねん 八年
くがつ 九月	きゅうかげつ 九か月	きゅうねん、くねん 九年
じゅうがつ 十月	じっかげつ 十か月	じゅうねん 十年
じゅういちがつ 十一月	なんかげつ 何か月	なんねん 何年
じゅうにがつ 十二月		
なんがつ 何月		

時刻(じこく)と時間(じかん)

じ(時) 시	ふん(分) 분	じかん(時間) 시간	びょう(秒) 초
いちじ 一時	いっぷん 一分	いちじかん 一時間	いちびょう 一秒
にじ 二時	にふん 二分	にじかん 二時間	にびょう 二秒
さんじ 三時	さんぷん 三分	さんじかん 三時間	さんびょう 三秒
よじ 四時	よんぷん 四分	よじかん 四時間	よんびょう 四秒
ごじ 五時	ごふん 五分	ごじかん 五時間	ごびょう 五秒
ろくじ 六時	ろっぷん 六分	ろくじかん 六時間	ろくびょう 六秒
しちじ 七時	ななふん 七分	しちじかん 七時間	ななびょう 七秒
はちじ 八時	はっぷん、はちふん 八分	はちじかん 八時間	はちびょう 八秒
くじ 九時	きゅうふん 九分	くじかん 九時間	きゅうびょう 九秒
じゅうじ 十時	じっぷん 十分	じゅうじかん 十時間	じゅうびょう 十秒
じゅういちじ 十一時	じゅういっぷん 十一分	なんじかん 何時間	なんびょう 何秒
じゅうにじ 十二時	じゅうごふん 十五分		
なんじ 何時	にじっぷん 二十分		
	にじゅうごふん 二十五分		
	さんじっぷん 三十分		
	なんぷん 何分		

日(ひ), 週(しゅう), 月(つき), 年(とし)

曜日(ようび) 요일	日(ひ) 날짜	週(しゅう) 주	月(つき) 달(월)	年(とし) 해(년)
にちようび (日曜日) 일요일	おととい 그저께	せんせんしゅう (先先週) 지지난주	せんせんげつ (先先月) 지지난달	おととし 제작년
げつようび (月曜日) 월요일	きのう (昨日) 어제(어저께)	せんしゅう (先週) 지난주	せんげつ (先月) 지난달	きょねん (去年) 작년
かようび (火曜日) 화요일	きょう (今日) 오늘	こんしゅう (今週) 금주	こんげつ (今月) 이달	ことし (今年) 금년
すいようび (水曜日) 수요일	あした, あす (明日) 내일	らいしゅう (来週) 다음주	らいげつ (来月) 다음달(새달)	らいねん (来年) 내년
もくようび (木曜日) 목요일	あさって 모레	さらいしゅう (さ来週) 다다음주	さらいげつ (さ来月) 다다음달	さらいねん (さ来年) 내후년
きんようび (金曜日) 금요일	まいにち 매일(날마다)	まいしゅう (毎週) 매주	まいげつ (毎月) 매월	まいねん (毎年) 매년
どようび (土曜日) 토요일				
なんようび (何曜日) 무슨 요일				

助数詞

작은 물건 (달걀, 오렌지 등)		새	
いっこ	一個	いちわ	一羽
にこ	二個	にわ	二羽
さんこ	三個	さんぱ	三羽
よんこ	四個	よんわ	四羽
ごこ	五個	ごわ	五羽
ろっこ	六個	ろくわ, るっぱ	六羽
ななこ	七個	ななわ	七羽
はっこ	八個	はちわ, はっぱ	八羽
きゅうこ	九個	きゅうわ	九羽
じっこ	十個	じっぱ	十羽
なんこ	何個	なんぱ	何羽

긴 물건 (연필, 병 등)		책	
いっぽん	一本	いっさつ	一冊
にほん	二本	にさつ	二冊
さんぼん	三本	さんさつ	三冊
よんほん	四本	よんさつ	四冊
ごほん	五本	ごさつ	五冊
ろっぽん	六本	ろっさつ	六冊
ななほん	七本	ななさつ	七冊
はっぽん	八本	はっさつ	八冊
きゅうほん	九本	きゅうさつ	九冊
じっぽん	十本	じっさつ	十冊
なんぼん	何本	なんさつ	何冊

나이		작은 동물들 (고양이, 물고기 등)	
いっさい	一歳	いっぴき	一匹
にさい	二歳	にひき	二匹
さんさい	三歳	さんびき	三匹
よんさい	四歳	よんひき	四匹
ごさい	五歳	ごひき	五匹
ろくさい	六歳	ろっぴき	六匹
ななさい	七歳	ななひき	七匹
はっさい	八歳	はっぴき	八匹
きゅうさい	九歳	きゅうひき	九匹
じっさい	十歳	じっぴき	十匹
なんさい, おいくつ	何歳	なんびき	何匹

구두, 양말 등		음료수	
いっそく	一足	いっぱい	一杯
にそく	二足	にはい	二杯
さんぞく	三足	さんばい	三杯
よんそく	四足	よんはい	四杯
ごそく	五足	ごはい	五杯
ろくそく	六足	ろっぱい	六杯
ななそく	七足	ななはい	七杯
はっそく	八足	はっぱい	八杯
きゅうそく	九足	きゅうはい	九杯
じっそく	十足	じっぱい	十杯
なんぞく	何足	なんばい	何杯

집		돈	
いっけん	一軒	いちえん	一円
にけん	二軒	にえん	二円
さんけん	三軒	さんえん	三円
よんけん	四軒	よんえん	四円
ごけん	五軒	ごえん	五円
ろっけん	六軒	ろくえん	六円
ななけん	七軒	ななえん	七円
はっけん	八軒	はちえん	八円
きゅうけん	九軒	きゅうえん	九円
じっけん	十軒	じゅうえん	十円
なんけん	何軒	いくら	何円

횟수(頻度)		순서	
いっかい	一回	いちばん	一番
にかい	二回	にばん	二番
さんかい	三回	さんばん	三番
よんかい	四回	よんばん	四番
ごかい	五回	ごばん	五番
ろっかい	六回	ろくばん	六番
ななかい	七回	ななばん	七番
はっかい	八回	はちばん	八番
きゅうかい	九回	きゅうばん	九番
じっかい	十回	じゅうばん	十番
なんかい	何回	なんばん	何番

신개념 기초 실무관광일본어

초판 1쇄 인쇄일   2006년 03월 02일
초판 1쇄 발행일   2006년 03월 05일

지은이 • 정창호
펴낸이 • 박영희
표   지 • 정지영
편   집 • 최은경, 정지영
펴낸곳 • 도서출판 어문학사
　　　　132-891 서울시 도봉구 쌍문동 525-13
　　　　전화 (02)998-0094 | 팩스 (02)998-2268
E-mail : am@amhbook.com
URL : 어문학사
출판등록 : 제7-276호

ISBN   89-91956-11-4   18730

가격   **12,000**원

인지는
저자와의
합의하에
생략함